ELEGANCKA SZYFONOWA KSIĄŻKA KUCHENNA

Opanuj sztukę lekkich i przestronnych przysmaków dzięki 100 dekadenckim przepisom

Maria Kwiatkowska

Prawa autorskie ©2024

Wszelkie prawa zastrzeżone

Żadna część tej książki nie może być wykorzystywana ani przekazywana w jakiejkolwiek formie i w jakikolwiek sposób bez odpowiedniej pisemnej zgody wydawcy i właściciela praw autorskich, z wyjątkiem krótkich cytatów użytych w recenzji . Niniejsza książka nie powinna być traktowana jako substytut porady lekarskiej, prawnej lub innej porady zawodowej.

SPIS TREŚCI

SPIS TREŚCI 3
WSTĘP 6
BABECKI SZYFONOWE 7
   1. Szyfonowe babeczki ze smoczym owocem 8
   2. Szyfonowe babeczki Hokkaido 10
   3. Babeczka Marmurowa Szyfonowa 13
   4. Cytrynowe babeczki szyfonowe 16
   5. Czekoladowe babeczki szyfonowe 19
   6. Babeczki Szyfonowe z Truskawkami 21
   7. Szyfonowe babeczki z kwiatami pomarańczy 24
   8. Szyfonowe babeczki z zieloną herbatą Matcha 26
   9. Kokosowe babeczki szyfonowe 28
   10. Szyfonowe babeczki waniliowe 30
   11. Szyfonowe babeczki lawendowo-miodowe 32
   12. Szyfonowe babeczki pistacjowe z wodą różaną 34
   13. Babeczki szyfonowe z herbatą Earl Grey 36

SZYFONOWE CIASTA 38
   14. Malinowe ciasto szyfonowe 39
   15. Szyfonowe ciasto jabłkowo-cynamonowe 41
   16. Szyfonowe ciasto z czarną wiśnią 43
   17. Szyfonowe ciasto toffi 45
   18. Ciasto z dżemem szyfonowym 47
   19. Szyfonowe ciasto dyniowe 49
   20. Szyfonowy placek z ajerkoniakiem 51
   21. Szyfonowe ciasto z koktajlem owocowym 54
   22. Szyfonowe ciasto z gujawą 56
   23. Kluczowe ciasto szyfonowe z limonką 59
   24. Szyfonowe ciasto makadamia 62
   25. Szyfonowe ciasto z kwiatami pomarańczy 65
   26. Brzoskwiniowe ciasto szyfonowe 67
   27. Szyfonowe ciasto z masłem orzechowym 69

SERNIKI SZYFONOWE 71
   28. Szyfonowy sernik ananasowy bez pieczenia 72
   29. Szyfonowy sernik morelowy bez pieczenia 74
   30. Cytrynowy Szyfonowy Sernik Wiśniowy 76
   31. Szyfonowy sernik jagodowy 78
   32. Szyfonowy sernik ananasowy 80
   33. Sernik szyfonowy pomarańczowy 83
   34. Szyfonowy sernik z marakui 86
   35. Szyfonowy sernik mango 89
   36. Sernik Szyfonowy Malinowy 91

37. Szyfonowy sernik jeżynowy 93
38. Szyfonowy sernik Matcha 95
39. Szyfonowy sernik imbirowo-gruszkowy 98
40. Sernik Szyfonowy Karmelizowany Banan 102

CIASTA SZYFONOWE 105
41. Szyfonowe ciasto Yuzu 106
42. Czekoladowy Szyfonowy Tort 109
43. Tort szyfonowy Dalgona 112
44. Szyfonowe ciasto bananowe 115
45. Szyfonowe ciasto miodowe 118
46. Szyfonowe ciasto Tahini z miodem i rabarbarem 120
47. Szyfonowe ciasto z kawałkami czekolady 124
48. Szyfonowy tort cytrynowo-makowy 127
49. Szyfonowy tort Earl Grey 130
50. Szyfonowe ciasto lawendowe 132
51. Kokosowe ciasto szyfonowe 136
52. Szyfonowy tort pistacjowy 138

SZYFONOWE MROŻONE SMAKOŁYKI 140
53. Wiśniowy szyfonowy puch 141
54. Szyfonowe ciasto lodowe 143
55. Lody Limonkowe Szyfonowe 145
56. Limonkowy szyfon Semifreddo 147
57. Sorbet cytrynowy szyfonowy 149
58. Malinowy Szyfon Mrożony Jogurt 151
59. Szyfonowe lody na patyku z mango 153
60. Szyfonowe ciasto lodowe z truskawkami 155
61. Mrożony krem jagodowy szyfonowy 157
62. Kanapki lodowe z szyfonu kokosowego 159
63. Brzoskwiniowe szyfonowe lody na patyku 161

TARTY 163
64. Tarta limonkowa szyfonowa 164
65. Szyfonowa tarta bananowa 167
66. Tarta dyniowa szyfonowa 169
67. Szyfonowa tarta z marakujami 172
68. Szyfonowe Tarty Ziemniaczane 175
69. Morelowa tarta szyfonowa 178
70. Malinowa tarta szyfonowa 181
71. Kokosowa tarta szyfonowa 184
72. Tarta Szyfonowa Mieszana Jagodowa 186

DESERY WARSTWOWE 188
73. Doniczki z szyfonu czekoladowego 189
74. Cytrynowy budyń szyfonowy 191
75. Szyfonowy drobiazg z mango i limonki 193

76. Parfaits Sernik Szyfonowy Truskawkowy 196
77. Szyfonowe tiramisu 199
78. Mus szyfonowy z malinami i białą czekoladą 202
79. Parfait szyfonowy z jagodami i cytryną 205
80. Szyfonowy drobiazg z kokosa i ananasa 208
81. Drobiazg szyfonowego ciasta szwarcwaldzkiego 211
82. Parfait szyfonowy kokos i mango 214
83. Brzoskwiniowy szyfonowy tort Melba 216
84. Parfait z szyfonu pistacjowo-wiśniowego 219

SZYFONOWE PASKI I KWADRATY 221

85. Cytrynowe Sztabki Szyfonowe 222
86. Czekoladowe ciasteczka z szyfonu 224
87. Kokosowe szyfonowe kwadraty 227
88. Pomarańczowe szyfonowe sztabki 229
89. Szyfonowe kwadraty truskawkowe 231
90. Kluczowe limonkowe szyfonowe sztabki 233
91. Szyfonowe kwadraty ananasowe 235
92. Mieszane batoniki z szyfonu jagodowego 237

CHLEB SZYFONOWY 239

93. Szyfonowy Chleb Bananowy 240
94. Szyfonowy Chleb Cytrynowy 242
95. Szyfonowy Chleb Dyniowy 244
96. Szyfonowy Chleb Czekoladowy Wirowany 246

SZYFONOWE CIASTKA 248

97. Szyfonowe ciasteczka cytrynowe 249
98. Szyfonowe ciasteczka czekoladowe 251
99. Szyfonowe ciasteczka migdałowe 253
100. Szyfonowe ciasteczka kokosowe 255

WNIOSEK 257

WSTĘP

Witamy w „Eleganckiej książce kucharskiej z szyfonu", gdzie zapraszamy Cię w podróż mającą na celu opanowanie sztuki tworzenia lekkich, zwiewnych i dekadenckich przysmaków dzięki 100 wykwintnym przepisom na szyfon. Szyfon swoją delikatną fakturą i zwiewną jakością to kulinarny cud, który urzeka zmysły i zachwyca podniebienie. W tej książce kucharskiej celebrujemy elegancję i wszechstronność szyfonu, pokazując jego zdolność do przekształcania prostych składników w niezwykłe kreacje, które z pewnością zaimponują nawet najbardziej wybrednym gustom.

W tej książce kucharskiej odkryjesz skarbnicę przepisów podkreślających delikatny i luksusowy charakter szyfonu. Od klasycznych ciast i puszystych musów po eleganckie ciasta i jedwabiste budynie – każdy przepis został opracowany tak, aby zaprezentować wyjątkową konsystencję i profil smakowy szyfonu, tworząc symfonię smaku i tekstury, która sprawi, że będziesz mieć ochotę na więcej.

Tym, co wyróżnia „Elegancką szyfonową książkę kucharską", jest nacisk na precyzję i technikę. Pieczenie szyfonu wymaga delikatnej równowagi składników i ostrożnej ręki, a ta książka kucharska zapewnia narzędzia i wskazówki potrzebne do osiągnięcia doskonałych rezultatów za każdym razem. Dzięki instrukcjom krok po kroku , pomocnym wskazówkom i oszałamiającym fotografiom będziesz w stanie stworzyć zachwycające kreacje z szyfonu, które są zarówno piękne, jak i pyszne.

W tej książce kucharskiej znajdziesz praktyczne porady dotyczące doboru składników, sprzętu do pieczenia i technik prezentacji, które pomogą Ci wznieść Twoje szyfonowe kreacje na wyższy poziom. Niezależnie od tego , czy pieczesz na specjalną okazję, delektujesz się słodkim poczęstunkiem, czy po prostu chcesz poszerzyć swój kulinarny repertuar, w „Eleganckiej szyfonowej książce kucharskiej" każdy znajdzie coś dla siebie.

SZYFONOWE BABECKI

1. Szyfonowe babeczki z owocami smoka

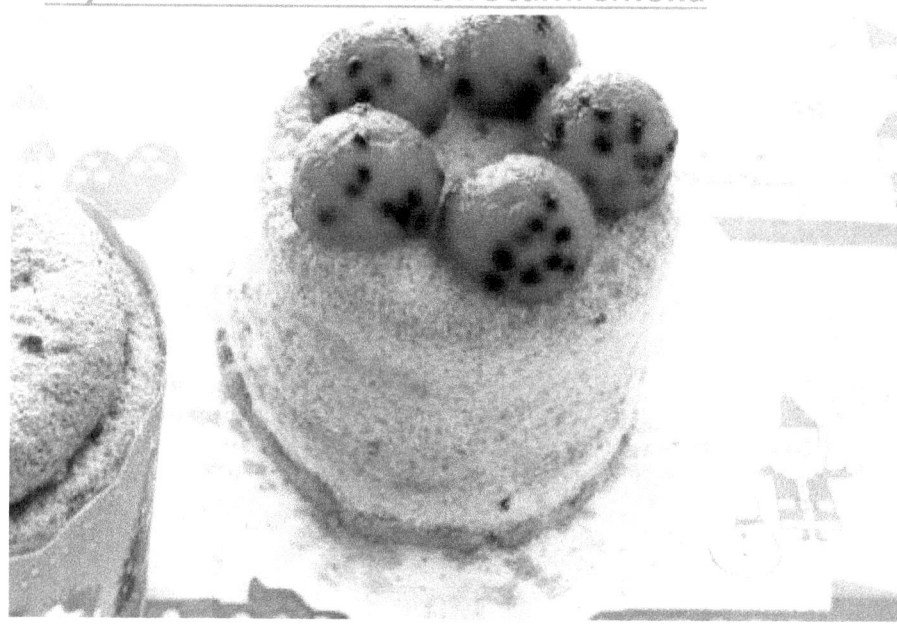

SKŁADNIKI:
- 3 Żółtka jaj
- 25 g cukru pudru
- 70g Przecieru z owoców smoka
- 40g oleju kukurydzianego
- ¼ łyżeczki ekstraktu waniliowego
- 55g Mąki samorosnącej
- 2 łyżki mąki kukurydzianej
- 3 Białko jaja
- ⅛ łyżeczki Kremu z kamienia nazębnego
- 60 g cukru pudru

INSTRUKCJE:

a) Żółtka i cukier ubić na jasną i puszystą masę. Ubij puree z owoców smoka, olej kukurydziany i ekstrakt waniliowy. Lekka mieszanka mąki samorosnącej i mąki kukurydzianej.

b) W osobnej, czystej misce ubij białka, krem z kamienia nazębnego i cukier puder, aż będą puszyste i sztywne. Ostrożnie wymieszaj mieszaninę żółtek z ubitymi białkami, aż składniki dobrze się połączą.

c) Nałóż łyżką ciasto do papilotek do babeczek. Lekko postukaj papilotkami do babeczek, aby uwolnić pęcherzyki powietrza.

d) Piec w piekarniku nagrzanym do 170°C przez 10 minut, następnie zmniejszyć temperaturę do 160°C i piec kolejne 20-25 minut lub do momentu, aż wbity w ciasto patyczek będzie suchy.

e) Wyjmij z piekarnika i natychmiast odwróć ciasto.

f) Pozostawić w spokoju do całkowitego wystygnięcia.

2. Szyfonowe babeczki Hokkaido

SKŁADNIKI:

NA babeczki:
- 3 duże białka jaj, oddzielone od żółtek, w temperaturze pokojowej
- 45 g cukru kryształu (podzielonego na 20 gramów i 25 gramów)
- 35 ml oleju rzepakowego
- 60 ml mleka
- 70 g mąki tortowej, przesianej

NA BITĄ ŚMIETANĘ:
- 240 ml gęstej śmietanki, schłodzonej
- 25 g cukru kryształu
- ¼ łyżeczki ekstraktu waniliowego

DO MONTAŻU:
- Cukier cukierniczy do posypania

INSTRUKCJE:

NA babeczki:

a) Rozgrzej piekarnik do 325F. Chwyć miskę i trzepaczkę, której będziesz używać do ubijania śmietany, i schładzaj ją w lodówce.

b) Używając ręcznego miksera elektrycznego lub miksera stojącego wyposażonego w końcówkę do ubijania, ubij 3 żółtka i 20 gramów cukru, aż uzyskają znacznie jaśniejszy kolor (około 8 minut na średniej prędkości).

c) Dodać 35 ml oleju rzepakowego i 60 ml mleka i dalej ubijać, aż składniki się dokładnie połączą.

d) Przełącz na niską prędkość i dodaj 70 gramów mąki tortowej. Ubijaj, aż się połączy. Odłożyć na bok.

e) W osobnej misce za pomocą innej trzepaczki ubić 3 białka na pianę. Stopniowo dodawaj 25 gramów cukru, aż masa będzie sztywna.

f) Złóż białka z żółtkami, aż się połączą. Uważaj, aby nie przesadzić, aby nie spuścić powietrza z białek.

g) Przełóż ciasto do foremek na babeczki do ich objętości w ¾ i połóż na blasze do pieczenia. Piec przez 20 minut lub do momentu, aż wierzch ciasta zacznie pękać i stanie się matowy. Wykałaczka wbita w niektóre babeczki powinna wyjść czysta lub z minimalną ilością suchych okruszków. Odłożyć na kratkę do całkowitego wystygnięcia.

NA BITĄ ŚMIETANĘ:
h) Weź schłodzoną miskę, wyjmij ją z lodówki i ubijaj wszystkie składniki, aż uzyskasz sztywną masę.

DO MONTAŻU:
i) Zanim napełnisz je bitą śmietaną, upewnij się, że babeczki całkowicie ostygły.
j) Przełóż krem do rękawa cukierniczego z ulubioną końcówką. Włóż końcówkę w środek babeczki i delikatnie dociśnij, aby wypełnić ciastka (poczujesz, jak ciastka robią się puszyste).
k) Zatrzymaj się w chwili, gdy zaczniesz widzieć na górze pokaz napełniania. Posyp cukrem cukierniczym.

3.Babeczka Marmurowa Szyfonowa

SKŁADNIKI:
- 3 żółtka
- 25 g (2 łyżki) cukru kryształu do żółtek jaj
- 30 ml (2 łyżki) oleju roślinnego
- 45 ml (3 łyżki) mleka
- 56 g (½ szklanki) mąki tortowej/mąki o niskiej zawartości białka, przesianej
- 6 g (1 łyżka stołowa) niesłodzonego kakao w proszku, przesianego
- 3 białka jaj
- 25 g (2 łyżki) cukru kryształu do białek
- ⅛ łyżeczki kremu z kamienia nazębnego LUB ½ łyżeczki soku z cytryny (opcjonalnie)

INSTRUKCJE:
a) W średniej misce ubij żółtka z cukrem, aż masa będzie kremowa i rozjaśniona.
b) Dodać mleko, olej i mąkę. Dokładnie wymieszać.
c) Oddziel połowę ciasta do drugiej średniej miski. Do jednego z nich dodajemy kakao i mieszamy do połączenia.
d) Ubij białko jaja w czystej, średniej misce, aż się spieni. Dodaj krem z kamienia nazębnego lub sok z cytryny, jeśli używasz (opcjonalnie). Każdy z tych kwaśnych składników pomoże ustabilizować ubite białko jaja.
e) Miksując, stopniowo dodawaj cukier, cały czas miksując. Ubijaj, aż masa będzie sztywna.
f) Dodaj ¼ ubitych białek/bezy do ciasta bez czekolady. Dokładnie wymieszaj trzepaczką lub silikonową szpatułką.
g) Dodajemy kolejną ¼ bezy i już chcemy powoli mieszać, nie spuszczając powietrza z ciasta. Nadmierne lub energiczne mieszanie może skutkować niepuszystym, gęstym ciastem. Dlatego ostrożnie zagniataj ciasto, aż większość białek nie będzie już widoczna.
h) Do masy czekoladowej dodać ¼ bezy. Dokładnie wymieszać. Następnie dodać pozostałą część bezy i ponownie dokładnie wymieszać, tylko do połączenia.

i) Blaszkę do babeczek wyłóż papierowymi papilotkami. Następnie do każdej filiżanki dodawaj na zmianę ciasto czekoladowe i nieczekoladowe, aż będzie prawie pełne, pozostawiając około 1 cm od góry.
j) Udekoruj blat dowolnym wzorem marmuru, który Ci się podoba. Dodaj trzy kropki w różnych kolorach na górze. Następnie użyj wykałaczki, aby przeciągnąć każdą kropkę jednym ciągłym, okrągłym pociągnięciem.
k) Piec w piekarniku nagrzanym do 170°C przez 20 minut lub do momentu, aż wykałaczka wbita w środek będzie czysta.

4. Cytrynowe Babeczki Szyfonowe

SKŁADNIKI:
Babeczki:
- 1 cytryna, podzielona
- ¾ szklanki (175 ml) mąki tortowej (nie używaj mąki uniwersalnej)
- ½ szklanki (125 ml) cukru, podzielone
- ¾ łyżeczki (4 ml) proszku do pieczenia
- ¼ łyżeczki (1 ml) soli
- 2 duże żółtka
- ¼ szklanki (50 ml) wody
- 2 ½ łyżki (37 ml) oleju rzepakowego
- 1 łyżka stołowa (15 ml) ekstraktu z cytryny
- 4 duże białka jaj, temperatura pokojowa
- ½ szklanki (125 ml) przygotowanego lemon curd

LUK BEZOWY:
- 3 duże białka jaj
- ¼ łyżeczki (1 ml) kremu z kamienia nazębnego
- ½ szklanki (125 ml) cukru
- 1 łyżeczka (5 ml) ekstraktu z cytryny

INSTRUKCJE:
a) Rozgrzej piekarnik do 160°C (325°F). W dołki formy do muffinów włóż papierowe papilotki.

b) Używając regulowanej drobnej tarki Microplane®, zetrzyj skórkę z cytryny w ilości 1 ½ łyżki stołowej (22 ml); odłożyć ½ łyżki (7 ml) skórki do dekoracji.

c) W misce ze stali nierdzewnej (2 kwarty / 2 l) wymieszaj mąkę, ¼ szklanki (50 ml) cukru, proszek do pieczenia, sól i pozostałą 1 łyżkę stołową (15 ml) skórki; dobrze wymieszaj, używając trzepaczki ze stali nierdzewnej.

d) W misce miksującej ze stali nierdzewnej (6 litrów / 6 litrów) połącz żółtka, wodę, olej i ekstrakt; ubijaj na średniej prędkości elektrycznego miksera ręcznego, aż dobrze się wymiesza. Dodaj suche składniki; ubijaj na średniej prędkości, aż masa będzie gładka.

e) W misce miksującej ze stali nierdzewnej (4-qt./4-L) i używając czystych ubijaków, ubijaj białka z dużą prędkością, aż utworzą się miękkie szczyty, około 1 minuty. Ciągle ubijając, stopniowo dodawaj pozostałą ¼ szklanki (50 ml) cukru, bardzo powolnym, stałym strumieniem. Kontynuuj ubijanie przez 3-4 minuty lub do momentu, aż cukier się rozpuści i powstanie sztywna piana. Wymieszaj jedną czwartą bezy z ciastem za pomocą skrobaczki Small Mix 'N Scraper®; delikatnie wmieszać pozostałą bezę.

f) Używając dużej miarki, równomiernie rozłóż ciasto pomiędzy papilotkami; piecz przez 12-15 minut lub do momentu, aż drewniany wykałaczka wbita w środek będzie sucha. Wyjmij patelnię z piekarnika i umieść ją na stojaku chłodzącym, który można ustawiać jeden na drugim. Zdejmij babeczki z patelni; całkowicie ostygnąć.

g) Aby złożyć babeczki, nałóż łyżką lemon curd do dekoratora wyposażonego w zamkniętą końcówkę w kształcie gwiazdki.

h) Delikatnie wciśnij dekorator w środek każdej babeczki i wyciśnij niewielką ilość twarogu (około 2 łyżeczki/10 ml). Mroźne babeczki; posypać zarezerwowaną skórką z cytryny.

LUK BEZOWY:

i) W czystej misce ubić białka na pianę.
j) Dodać kremówkę z kamienia nazębnego (lub sok z cytryny, jeśli używasz) i dalej ubijać.
k) Stopniowo dodawaj cukier, cały czas ubijając, aż powstanie sztywna piana.
l) Wymieszaj ekstrakt z cytryny.

5. Czekoladowe babeczki szyfonowe

SKŁADNIKI:
- 1 1/2 szklanki mąki tortowej
- 1/2 szklanki niesłodzonego kakao plus 1 łyżka niesłodzonego kakao
- 1 łyżeczka proszku do pieczenia
- 1/4 łyżeczki sody oczyszczonej
- 1/2 łyżeczki soli
- 4 duże jajka, oddzielone od siebie
- 3/4 szklanki oleju roślinnego
- 3/4 szklanki cukru plus 2 łyżki cukru

INSTRUKCJE:
a) Do dużej miski przesiej mąkę tortową, kakao, proszek do pieczenia, sodę oczyszczoną i sól i odłóż na bok.
b) Wymieszaj żółtka, olej i ⅓ szklanki wody, aż się połączą. Wsyp ¾ szklanki cukru. Dodaj do mieszanki mącznej i mieszaj, aż dobrze się wymiesza.
c) Białka ubić na pianę. Stopniowo dodawaj pozostałe 2 łyżki cukru, ubijaj, aż utworzą się miękkie szczyty. Do ciasta dodać masę ubitą z białek i wymieszać, aż masa będzie jednolita.
d) Napełnij wyłożone papierem lub wysmarowane masłem foremki na muffiny (pojemność ⅓ kubka) do około trzech czwartych ich objętości (około ¼ kubka w każdym).
e) Piec w piekarniku o temperaturze 100°C, aż wierzchołki odskoczą po lekkim dotknięciu na środku, od 20 do 25 minut. Studzimy na stojakach przez 5 minut; zdjąć z patelni. Całkowicie ostudzić.
f) Posmaruj ulubionym lukrem.

6. Szyfonowe babeczki truskawkowe

SKŁADNIKI:
Babeczki:
- ⅞ szklanki mąki tortowej
- 6 łyżek cukru pudru
- 1 łyżeczka proszku do pieczenia
- ⅛ łyżeczki soli
- 4 duże żółtka
- ¼ szklanki oleju roślinnego
- ⅓ szklanki wody
- ½ łyżeczki ekstraktu waniliowego
- 3 duże białka jaj, temperatura pokojowa
- 3/16 łyżeczki kremu z kamienia nazębnego
- ¼ szklanki granulowanego cukru

POŻYWNY:
- 2 ½ szklanki posiekanych truskawek
- 2 ½ łyżki granulowanego cukru
- 1 ¼ łyżki skrobi kukurydzianej
- 1¼ łyżki wody

BYCZY:
- 2 szklanki ciężkiej śmietanki, zimnej
- 1 łyżeczka ekstraktu waniliowego
- 2 łyżki cukru pudru

INSTRUKCJE:
Babeczki:

a) Rozgrzej piekarnik do 350°F. Foremki do babeczek wyłóż papierowymi papilotkami lub spryskaj sprayem do pieczenia. Odłożyć na bok.

b) Do dużej miski przesiej mąkę, 6 łyżek cukru, proszek do pieczenia i sól. Odłożyć na bok.

c) W małej misce wymieszaj żółtka, olej, wodę i wanilię. Odłożyć na bok.

d) Za pomocą miksera elektrycznego wyposażonego w końcówkę do ubijania ubij białka i krem kamienniczy na pianę. Kontynuując ubijanie, wlej ¼ szklanki cukru. Ubić na sztywną pianę. Odłożyć na bok.

e) Wlać mokre składniki do suchych i wymieszać, aż masa będzie gładka.
f) Złóż bezę.
g) Za pomocą 3-łyżkowej miarki do ciastek porcjuj ciasto do przygotowanych foremek.
h) Piec przez 18-20 minut, aż uzyska jasnozłoty kolor. Odstawić do ostygnięcia.

POŻYWNY:
i) Połącz wszystkie składniki w średnim rondlu.
j) Gotuj i mieszaj na średnim ogniu, aż cukier się rozpuści, a mieszanina stanie się gęsta, około 2-3 minut.
k) Odstawić do ostygnięcia.

KREM CHANTILLY:
l) Połącz wszystkie składniki w średniej misce.
m) Ubijaj mikserem elektrycznym wyposażonym w końcówkę do ubijania na średnio sztywną szczytówkę.

MONTAŻ:
n) Babeczki rdzeniowe.
o) Każdą babeczkę napełnij 1 łyżką nadzienia.
p) Wymień wierzch babeczek.
q) Wyciśnij lub posmaruj kremem Chantilly na wierzchu.

7. Szyfonowe babeczki z kwiatami pomarańczy

SKŁADNIKI:
- 4 duże jajka, oddzielone od siebie
- 1/2 szklanki granulowanego cukru
- 1/4 szklanki oleju roślinnego
- 1/4 szklanki świeżo wyciśniętego soku pomarańczowego
- 1 łyżka skórki pomarańczowej
- 1 łyżeczka wody z kwiatu pomarańczy
- 1 szklanka mąki tortowej
- 1 łyżeczka proszku do pieczenia
- 1/4 łyżeczki soli

INSTRUKCJE:
a) Rozgrzej piekarnik do 160°C (325°F). Formę do muffinów wyłóż papilotkami.
b) W dużej misce ubić żółtka z połową cukru, aż masa będzie jasna i gęsta. Stopniowo dodawaj olej roślinny, sok pomarańczowy, skórkę pomarańczową i wodę z kwiatu pomarańczy, mieszając, aż składniki dobrze się połączą.
c) W osobnej misce przesiej mąkę tortową, proszek do pieczenia i sól.
d) Stopniowo dodawaj suche składniki do mokrych, mieszaj, aż masa będzie gładka i dobrze połączona.
e) W innej czystej misce ubić białka na pianę. Stopniowo dodawaj pozostały cukier i kontynuuj ubijanie, aż powstanie sztywna piana.
f) Delikatnie wmieszać ubite białka do ciasta, tak aby nie pozostały smugi.
g) Rozłóż ciasto równomiernie pomiędzy papilotkami, wypełniając każdą do około dwóch trzecich.
h) Piec przez 15-18 minut lub do momentu, gdy wykałaczka wbita w środek babeczki będzie sucha.
i) Wyjmij babeczki z piekarnika i pozostaw je na kilka minut w formie, aby ostygły, a następnie przenieś je na metalową kratkę, aby całkowicie ostygły.
j) Po wystygnięciu babeczki można opcjonalnie posypać cukrem pudrem lub udekorować bitą śmietaną i kawałkami świeżej pomarańczy.

8.Szyfonowe babeczki z zieloną herbatą Matcha

SKŁADNIKI:
- 4 duże jajka, oddzielone od siebie
- 1/2 szklanki granulowanego cukru
- 1/4 szklanki oleju roślinnego
- 1/4 szklanki mleka
- 1 łyżeczka ekstraktu waniliowego
- 2 łyżki sproszkowanej zielonej herbaty matcha
- 1 szklanka mąki tortowej
- 1 łyżeczka proszku do pieczenia
- 1/4 łyżeczki soli

INSTRUKCJE:
a) Rozgrzej piekarnik do 160°C (325°F). Formę do muffinów wyłóż papilotkami.
b) W dużej misce ubić żółtka z połową cukru, aż masa będzie jasna i gęsta. Stopniowo dodawaj olej roślinny, mleko i ekstrakt waniliowy, mieszając, aż składniki dobrze się połączą.
c) Przesiej sproszkowaną zieloną herbatę matcha do mokrych składników i mieszaj, aż składniki zostaną równomiernie połączone.
d) W osobnej misce przesiej mąkę tortową, proszek do pieczenia i sól.
e) Stopniowo dodawaj suche składniki do mokrych, mieszaj, aż masa będzie gładka i dobrze połączona.
f) W innej czystej misce ubić białka na pianę. Stopniowo dodawaj pozostały cukier i kontynuuj ubijanie, aż powstanie sztywna piana.
g) Delikatnie wmieszać ubite białka do ciasta, tak aby nie pozostały smugi.
h) Rozłóż ciasto równomiernie pomiędzy papilotkami, wypełniając każdą do około dwóch trzecich.
i) Piec przez 15-18 minut lub do momentu, gdy wykałaczka wbita w środek babeczki będzie sucha.
j) Wyjmij babeczki z piekarnika i pozostaw je na kilka minut w formie, aby ostygły, a następnie przenieś je na metalową kratkę, aby całkowicie ostygły.
k) Po ostudzeniu możesz oprószyć babeczki proszkiem matcha lub udekorować je bitą śmietaną o smaku matcha.

9.Kokosowe babeczki szyfonowe

SKŁADNIKI:

- 4 duże jajka, oddzielone od siebie
- 1/2 szklanki granulowanego cukru
- 1/4 szklanki oleju roślinnego
- 1/4 szklanki mleka kokosowego
- 1 łyżeczka ekstraktu waniliowego
- 1/2 szklanki wiórków kokosowych
- 1 szklanka mąki tortowej
- 1 łyżeczka proszku do pieczenia
- 1/4 łyżeczki soli

INSTRUKCJE:

a) Rozgrzej piekarnik do 160°C (325°F). Formę do muffinów wyłóż papilotkami.
b) W dużej misce ubić żółtka z połową cukru, aż masa będzie jasna i gęsta. Stopniowo dodawaj olej roślinny, mleko kokosowe i ekstrakt waniliowy, mieszając, aż składniki dobrze się połączą.
c) Wmieszaj wiórki kokosowe, aż zostaną równomiernie rozłożone.
d) W osobnej misce przesiej mąkę tortową, proszek do pieczenia i sól.
e) Stopniowo dodawaj suche składniki do mokrych, mieszaj, aż masa będzie gładka i dobrze połączona.
f) W innej czystej misce ubić białka na pianę. Stopniowo dodawaj pozostały cukier i kontynuuj ubijanie, aż powstanie sztywna piana.
g) Delikatnie wmieszać ubite białka do ciasta, tak aby nie pozostały smugi.
h) Rozłóż ciasto równomiernie pomiędzy papilotkami, wypełniając każdą do około dwóch trzecich.
i) Piec przez 15-18 minut lub do momentu, gdy wykałaczka wbita w środek babeczki będzie sucha.
j) Wyjmij babeczki z piekarnika i pozostaw je na kilka minut w formie, aby ostygły, a następnie przenieś je na metalową kratkę, aby całkowicie ostygły.
k) Po ostygnięciu można opcjonalnie posypać babeczki bitą śmietaną kokosową i prażonymi płatkami kokosowymi do dekoracji.

10. Szyfonowe babeczki waniliowe

SKŁADNIKI:
- 4 duże jajka, oddzielone od siebie
- 1/2 szklanki granulowanego cukru
- 1/4 szklanki oleju roślinnego
- 1/4 szklanki mleka
- 1 łyżeczka ekstraktu waniliowego
- Nasiona z 1 strąka laski wanilii
- 1 szklanka mąki tortowej
- 1 łyżeczka proszku do pieczenia
- 1/4 łyżeczki soli

INSTRUKCJE:
a) Rozgrzej piekarnik do 160°C (325°F). Formę do muffinów wyłóż papilotkami.
b) W dużej misce ubić żółtka z połową cukru, aż masa będzie jasna i gęsta. Stopniowo dodawaj olej roślinny, mleko, ekstrakt waniliowy i nasiona wanilii, mieszając, aż składniki dobrze się połączą.
c) W osobnej misce przesiej mąkę tortową, proszek do pieczenia i sól.
d) Stopniowo dodawaj suche składniki do mokrych, mieszaj, aż masa będzie gładka i dobrze połączona.
e) W innej czystej misce ubić białka na pianę. Stopniowo dodawaj pozostały cukier i kontynuuj ubijanie, aż powstanie sztywna piana.
f) Delikatnie wmieszać ubite białka do ciasta, tak aby nie pozostały smugi.
g) Rozłóż ciasto równomiernie pomiędzy papilotkami, wypełniając każdą do około dwóch trzecich.
h) Piec przez 15-18 minut lub do momentu, gdy wykałaczka wbita w środek babeczki będzie sucha.

11. Szyfonowe babeczki z miodem i lawendą

SKŁADNIKI:
- 1 1/2 szklanki mąki tortowej
- 1 szklanka granulowanego cukru
- 1 1/2 łyżeczki proszku do pieczenia
- 1/2 łyżeczki soli
- 1/2 szklanki oleju roślinnego
- 5 dużych żółtek
- 3/4 szklanki pełnego mleka
- 1 łyżka suszonych kwiatów lawendy kulinarnej
- 1/4 szklanki miodu
- 5 dużych białek
- 1/4 łyżeczki kremu z kamienia nazębnego

INSTRUKCJE:
a) Rozgrzej piekarnik do 160°C (325°F). Foremki do muffinów wyłóż papilotkami.
b) W małym rondlu podgrzej mleko, aż będzie ciepłe. Zdjąć z ognia i dodać suszone kwiaty lawendy. Pozostawić do zaparzenia na 10-15 minut, następnie odcedzić mleko, aby usunąć lawendę.
c) W dużej misce wymieszaj mąkę tortową, cukier, proszek do pieczenia i sól.
d) Zrób wgłębienie na środku suchych składników i dodaj olej roślinny, żółtka, mleko z dodatkiem lawendy i miód. Mieszaj, aż będzie gładkie.
e) W osobnej, czystej misce ubić białka i krem kamienniczy na sztywną pianę.
f) Delikatnie wmieszaj ubite białka do ciasta, aż się połączą.
g) Rozłóż ciasto równomiernie pomiędzy przygotowane papilotki, wypełniając każdą do około 3/4 wysokości.
h) Piec przez 18-20 minut lub do momentu, gdy wykałaczka wbita w środek będzie czysta.
i) Wyjąć z piekarnika i przed podaniem pozostawić babeczki do całkowitego ostygnięcia na metalowej kratce.

12. Szyfonowe babeczki pistacjowo-różowe

SKŁADNIKI:
- 1 1/2 szklanki mąki tortowej
- 1 szklanka granulowanego cukru
- 1 1/2 łyżeczki proszku do pieczenia
- 1/2 łyżeczki soli
- 1/2 szklanki oleju roślinnego
- 5 dużych żółtek
- 3/4 szklanki pełnego mleka
- 1/2 szklanki pistacji łuskanych, drobno zmielonych
- 1 łyżeczka wody różanej
- 5 dużych białek
- 1/4 łyżeczki kremu z kamienia nazębnego

INSTRUKCJE:
a) Rozgrzej piekarnik do 160°C (325°F). Foremki do muffinów wyłóż papilotkami.
b) W robocie kuchennym zmiksuj pistacje łuskane, aż zostaną drobno zmielone.
c) W dużej misce wymieszaj mąkę tortową, cukier, proszek do pieczenia, sól i zmielone pistacje.
d) Zrób wgłębienie na środku suchych składników i dodaj olej roślinny, żółtka, pełne mleko i wodę różaną. Mieszaj, aż będzie gładkie.
e) W osobnej, czystej misce ubić białka i krem kamienniczy na sztywną pianę.
f) Delikatnie wmieszaj ubite białka do ciasta, aż się połączą.
g) Rozłóż ciasto równomiernie pomiędzy przygotowane papilotki, wypełniając każdą do około 3/4 wysokości.
h) Piec przez 18-20 minut lub do momentu, gdy wykałaczka wbita w środek będzie czysta.
i) Wyjąć z piekarnika i przed podaniem pozostawić babeczki do całkowitego ostygnięcia na metalowej kratce.

13. Szyfonowe babeczki herbaciane Earl Grey

SKŁADNIKI:
- 1 1/2 szklanki mąki tortowej
- 1 szklanka granulowanego cukru
- 1 1/2 łyżeczki proszku do pieczenia
- 1/2 łyżeczki soli
- 1/2 szklanki oleju roślinnego
- 5 dużych żółtek
- 3/4 szklanki pełnego mleka
- 2 łyżki sypkich liści herbaty Earl Grey
- 5 dużych białek
- 1/4 łyżeczki kremu z kamienia nazębnego

INSTRUKCJE:
a) Rozgrzej piekarnik do 160°C (325°F). Foremki do muffinów wyłóż papilotkami.
b) W małym rondlu podgrzej mleko, aż będzie ciepłe. Zdejmij z ognia i dodaj luźne liście herbaty Earl Grey . Pozostawić do zaparzenia na 10-15 minut, następnie odcedzić mleko, aby usunąć liście herbaty.
c) W dużej misce wymieszaj mąkę tortową, cukier, proszek do pieczenia i sól.
d) Zrób wgłębienie na środku suchych składników i dodaj olej roślinny, żółtka i mleko Earl Grey. Mieszaj, aż będzie gładkie.
e) W osobnej, czystej misce ubić białka i krem kamienniczy na sztywną pianę.
f) Delikatnie wmieszaj ubite białka do ciasta, aż się połączą.
g) Rozłóż ciasto równomiernie pomiędzy przygotowane papilotki, wypełniając każdą do około 3/4 wysokości.
h) Piec przez 18-20 minut lub do momentu, gdy wykałaczka wbita w środek będzie czysta.
i) Wyjąć z piekarnika i przed podaniem pozostawić babeczki do całkowitego ostygnięcia na metalowej kratce.

SZYFONOWE CIASTA

14. Szyfonowe ciasto malinowe

SKŁADNIKI:

- 1 spód ciasta
- 2 szklanki gęstej śmietanki
- 6 uncji serka śmietankowego, zmiękczonego
- 2 łyżeczki ekstraktu waniliowego
- 10 uncji pasty malinowej
- Maliny (opcjonalnie, do dekoracji)
- Liście mięty (opcjonalnie, do dekoracji)

INSTRUKCJE:

a) Rozgrzej piekarnik do 375°F. Rozwałkuj ciasto na okrąg o średnicy 11 cali i wyłóż nim blachę do ciasta o średnicy 9 cali. Przytnij i złóż krawędzie; Nakłuj spód i boki widelcem. Piec przez 15 minut lub do złotego koloru. Całkowicie ostudzić na metalowej kratce.

b) W małej misce ubijaj śmietanę na poziomie High, aż powstanie sztywna piana; odłożyć na bok.

c) W średniej misce połącz serek śmietankowy i wanilię; ubijaj, aż będzie jasne i puszyste. Mieszaj z masą malinową, często skrobając boki miski.

d) Zarezerwuj ½ szklanki bitej śmietany do dekoracji; zmieszaj pozostałą bitą śmietanę z mieszanką serka śmietankowego, aż nie pozostaną białe smugi.

e) Rozprowadź równomiernie mieszaninę na schłodzonym cieście . Schładzaj przez co najmniej 2 godziny.

f) Tuż przed podaniem wyłóż pozostałą bitą śmietanę wokół krawędzi ciasta.

g) W razie potrzeby udekoruj malinami i listkami świeżej mięty.

15. Szyfonowe ciasto jabłkowo-cynamonowe

Na: 1 porcję

SKŁADNIKI:
- 3 Jajka, oddzielone
- ¼ szklanki wody
- 1 koperta Bezsmakowa żelatyna
- 2 łyżki czerwonych cukierków cynamonowych
- 1 ½ szklanki musu jabłkowego
- 2 łyżki cukru
- 1 9-calowa skorupa ciasta, pieczona

INSTRUKCJE:
a) W średniej wielkości rondelku ubić żółtka z wodą. Do rondelka wsypać żelatynę i odstawić na 1 min. Dodaj cukierki i mus jabłkowy.
b) Mieszać na małym ogniu, aż żelatyna się rozpuści, około 5 minut. Przelać do dużej miski i schłodzić, od czasu do czasu mieszając, aż masa lekko utworzy się po zrzuceniu z łyżki.
c) W dużej misce ubijaj białka, aż utworzą się miękkie szczyty; stopniowo dodawać cukier i ubijać na sztywną masę. Wlać do mieszaniny żelatyny. Przełożyć na przygotowany spód i schłodzić do twardości.

16. Szyfonowe ciasto z czarną wiśnią

SKŁADNIKI:

- 2 puszki (1 funt) czarnych wiśni bez pestek
- 1 łyżeczka niesmakowanej żelatyny
- 4 Jajka, oddzielone
- ¼ łyżeczki soli
- ½ szklanki) cukru
- 1 łyżeczka soku z cytryny
- 9-calowe pieczone ciasto lub okruszki
- Prażone migdały do dekoracji

INSTRUKCJE:

a) Odcedź i posiekaj czarne wiśnie, zachowując sok. Zmiękczyć żelatynę w ¼ szklanki soku wiśniowego.
b) W misce wymieszaj żółtka, cukier, sól, sok z cytryny i ½ szklanki soku wiśniowego. Mieszaj mieszaninę nad wrzącą wodą, aż zgęstnieje.
c) Dodaj miękką żelatynę i posiekane wiśnie. Schłodź mieszaninę, aż stanie się gęsta i syropowata.
d) W osobnej misce ubijaj białka, aż powstanie sztywna piana. Delikatnie wymieszaj ubite białka z masą wiśniową.
e) Połączoną masę wlać do upieczonego ciasta lub tartej bułki.
f) Schładzaj ciasto, aż będzie twarde, około 3 godzin.
g) Podawaj ciasto udekorowane prażonymi migdałami.

17. Szyfonowe ciasto toffi

SKŁADNIKI:
- 1 łyżka niesmakowanej żelatyny
- ¼ szklanki zimnej wody
- 3 jajka; rozdzielony
- 1 szklanka brązowego cukru
- ¼ łyżeczki soli
- 1 szklanka mleka skalowanego
- 1 łyżeczka wanilii
- 1 ½ szklanki gęstej śmietanki; podzielony
- 9-calowa pieczona skorupa ciasta; LUB Ciasto orzechowe (patrz poniżej)

KRUSZKA ORZECHOWA:
- 1 szklanka zmielonych orzechów włoskich
- 1 łyżeczka cukru
- ¼ szklanki okruchów wafla waniliowego

INSTRUKCJE:
a) Zmiękczyć żelatynę w wodzie.
b) W ciężkim rondlu wymieszaj dobrze ubite żółtka z brązowym cukrem, solą i mlekiem. Całość gotujemy, ciągle mieszając, aż lekko zgęstnieje.
c) Do powstałej masy dodać zmiękczoną żelatynę i mieszać aż do rozpuszczenia. Schłodzić mieszaninę, aż zgęstnieje.
d) Białka ubić na sztywną, ale nie suchą masę. Do schłodzonej żelatyny wmieszaj białka i wanilię.
e) Do mieszanki dodaj 1 szklankę ubitej śmietanki. Przełóż połączoną mieszaninę do upieczonej skorupy ciasta.
f) Ciasto schładzamy przez kilka godzin.
g) Gdy będziesz gotowy do podania, ubij pozostałe ½ szklanki gęstej śmietanki na sztywną masę. Udekoruj brzegi ciasta kawałkami bitej śmietany.

KRUSZKA ORZECHOWA:
h) W misce wymieszaj zmielone orzechy włoskie z cukrem i kawałkami wafla waniliowego.
i) Mocno dociśnij mieszaninę do dna i boków 9-calowej formy do ciasta.

18. Szyfonowe ciasto z dżemem

SKŁADNIKI:
- 1½ do 2 szklanek piany powstałej po zrobieniu dżemu
- 12 uncji Cool Whip lub jego odpowiednik
- 1 Spód krakersów Graham
- Owoce z dżemu (do dekoracji)

INSTRUKCJE:
a) Wymieszaj schłodzoną pianę do robienia dżemu z kartonem Cool Whip.
b) Wlać mieszaninę na spód krakersa graham.
c) Udekoruj ciasto odrobiną owoców, z których powstał dżem .
d) Schłodzić ciasto przez 2 godziny.
e) Podawaj i ciesz się.

19.Ciastko dyniowe

SKŁADNIKI:

- 1 koperta Knox bezsmakowa żelatyna
- ¾ szklanki ciemnobrązowego cukru, mocno zapakowanego
- ½ łyżeczki soli
- ½ łyżeczki gałki muszkatołowej
- 1 łyżeczka cynamonu
- ½ szklanki mleka
- ¼ szklanki wody
- 3 Żółtka jaj
- 1 ½ szklanki dyni konserwowej
- 3 Białka ubić na sztywną pianę
- ¼ szklanki) cukru
- 1 pieczona skorupa ciasta o średnicy 9 cali

INSTRUKCJE:

a) Na górze podwójnego kotła wymieszaj pierwsze 5 składników.
b) Wymieszaj mleko, wodę, żółtka i dynię z puszki. Dobrze wymieszaj.
c) Umieścić nad wrzącą wodą. Gotuj, ciągle mieszając, aż żelatyna się rozpuści i mieszanina będzie podgrzewana, około 10 minut.
d) Zdjąć z ognia. Schładzaj, aż mieszanina utworzy się w formie kopczyka po zrzuceniu z łyżki.
e) Białka ubić na sztywną pianę, następnie dodać cukier. Wlać mieszaninę białek do schłodzonej mieszaniny żelatyny.
f) Zamień połączoną mieszaninę w upieczoną 9-calową skorupę ciasta.
g) Na 9-calową muszlę: Rozwałkuj 12-calowy okrąg ciasta na 14-calowym kwadracie folii Kaiser Broiling. Unieś folię i ciasto na talerz, delikatnie dopasuj do talerza i posmaruj brzeg ciasta. Nakłuj spód i boki ciasta. Piec przez 10 minut w temperaturze 150°F lub do równomiernego zarumienienia (folia zapobiega nadmiernemu brązowieniu). Fajny.
h) Nadzienie przełożyć do muszli, zawinąć luźno w folię i wstawić do lodówki na noc.
i) Podawać schłodzone, ewentualnie udekorować bitą śmietaną.
j) Ciesz się lekkim i soczystym szyfonowym ciastem dyniowym! Idealne na świąteczny deser po obfitym obiedzie.

20. Szyfonowe ciasto z ajerkoniakiem

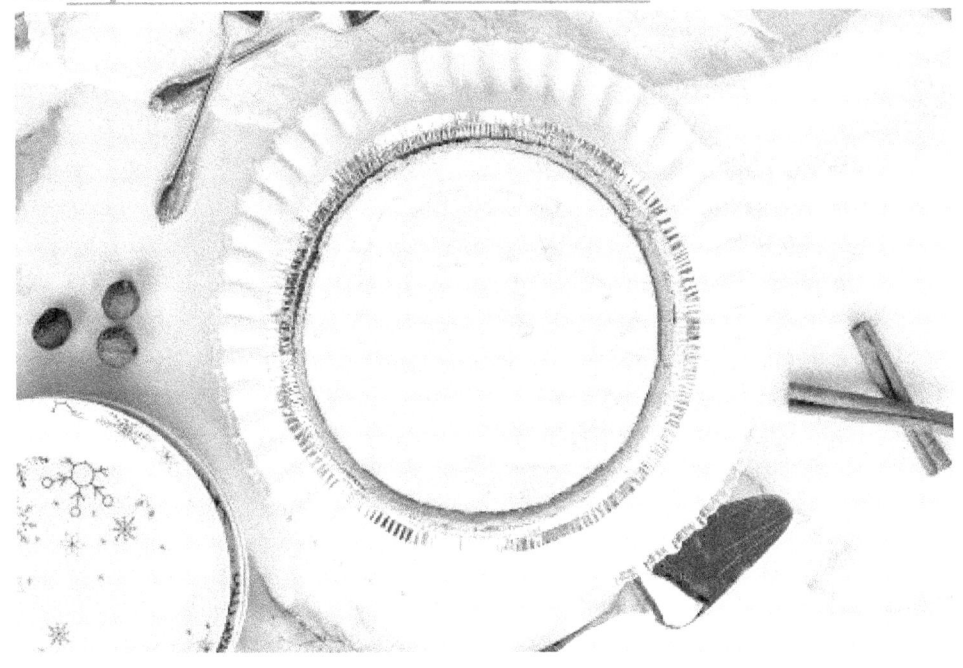

SKŁADNIKI:
- Pieczona skorupa ciasta
- ¼ szklanki) cukru
- 1 koperta z niesmakowaną żelatyną
- 1 ½ szklanki mlecznego ajerkoniaku
- 2 Lekko ubite żółtka
- ¼ szklanki rumu
- 2 Białka jaj
- 2 łyżki cukru
- ¾ szklanki śmietanki do ubijania
- Filigran karmelowy (patrz poniżej)

KARMELOWY FILIGRAN:
- ½ szklanki) cukru

INSTRUKCJE:
a) Do nadzienia w średnim rondlu wymieszaj cukier i żelatynę. Dodaj ajerkoniak i żółtka. Gotuj i mieszaj, aż cukier i żelatyna się rozpuszczą, a masa lekko zgęstnieje i pojawią się bąbelki.
b) Schłodzić przez 10 minut; zamieszaj rum. Schłodzić do konsystencji syropu kukurydzianego, od czasu do czasu mieszając. Wyjmij z lodówki; odstawić do częściowego stężenia (konsystencja nieubitych białek).
c) W dużej misce miksera ubijaj białka, aż utworzą się miękkie szczyty (zwinięte końcówki). Stopniowo dodawaj pozostałe 2 łyżki cukru, ubijaj, aż utworzy się sztywna piana (końcówki stoją prosto).
d) Włóż białka do mieszaniny żelatyny. Ubijaj śmietanę, aż utworzą się miękkie szczyty. Włóż śmietanę do mieszanki ajerkoniaku.
e) Schładzaj, aż mieszanina utworzy się podczas nabierania łyżką; układać w formie upieczonego ciasta. Schładzaj przez kilka godzin lub do momentu ustawienia.
f) Około 1 godzinę przed podaniem przygotuj Caramel Filigree.

KARMELOWY FILIGRAN:
g) W ciężkim rondlu o pojemności 1 litra podgrzej ½ szklanki cukru na średnim ogniu, nie mieszając.

h) Gdy cukier zacznie się topić, podgrzej i cały czas mieszaj, aż mieszanina nabierze koloru prawie średniokarmelowego (syrop ciemnieje po zdjęciu z ognia).
i) Wymieszaj kilka kropel gorącej wody. Odstaw na 1 minutę.
j) Za pomocą łyżki szybko posyp karmelizowanym cukrem wierzch ciasta, aż utworzy się pianka karmelu .

21.Szyfonowe ciasto z koktajlem owocowym

SKŁADNIKI:

- 1 opakowanie (8 uncji) beztłuszczowego serka śmietankowego Philadelphia
- 1 opakowanie (4 porcje) Jell-O bezcukrowej mieszanki budyniowej waniliowej instant bez cukru
- ⅓ szklanki odtłuszczonego mleka w proszku z goździków
- 1 szklanka wody
- 1 szklanka Cool Whip Lite
- 1 puszka (16 uncji) koktajlu owocowego, zapakowana w sok, odsączona
- 1 6-uncjowy spód ciasta Keebler z krakersami grahamkowymi

INSTRUKCJE:

a) W dużej misce wymieszaj ser śmietankowy łyżką, aż będzie miękki.
b) Dodaj suchą mieszankę budyniową, mleko w proszku i wodę. Dobrze wymieszaj za pomocą trzepaczki drucianej.
c) Złóż ½ szklanki Cool Whip Lite.
d) Dodać odsączony koktajl owocowy. Delikatnie wymieszaj do połączenia.
e) spód ciasta z krakersami grahamkowymi .
f) Przechowywać w lodówce do momentu podania.
g) Podczas serwowania posyp każdy kawałek 1 łyżką Cool Whip Lite.
h) Ciesz się lekkim i pysznym szyfonowym ciastem z koktajlem owocowym!

22. Szyfonowe ciasto z gujawą

SKŁADNIKI:
KRUSZĄCA POWŁOKA Z CIASTA:
- 1 szklanka mąki
- ¼ łyżeczki soli
- ¼ szklanki tłuszczu
- ¼ szklanki masła (zimnego)
- Zimna woda (w razie potrzeby)

POŻYWNY:
- 1 koperta z niesmakowaną żelatyną
- 1 łyżka soku z cytryny
- 4 jajka; rozdzielony
- 1 szklanka soku z gujawy
- ¾ szklanki cukru
- Kilka kropli czerwonego barwnika spożywczego
- ⅛ łyżeczki Kremu z kamienia nazębnego

BYCZY:
- Słodzona bita śmietana
- Plasterki gujawy

INSTRUKCJE:
KRUSZĄCA POWŁOKA Z CIASTA:
a) Połącz mąkę i sól. Pokrój tłuszcz i masło, aż grudki będą wielkości groszku.
b) Dodaj wodę i mieszaj, aż mieszanina zostanie zwilżona. Uformuj kulę i schładzaj przez 45 minut.
c) Rozwałkować na posypanej mąką desce za pomocą wałka oprószonego mąką lub pokrytego fiszbiną. Ostrożnie przenieś ciasto na 9-calową blachę do ciasta. Pierce skończył widelcem.
d) Piec w temperaturze 400°F przez 15 mlnut. Fajny.

POŻYWNY:
e) Zmiękczyć żelatynę w soku z cytryny i odstawić.
f) W rondlu wymieszaj żółtka, sok z gujawy i ½ szklanki cukru. Dodaj kilka kropli czerwonego barwnika spożywczego.
g) Gotuj i mieszaj na średnim ogniu, aż mieszanina zgęstnieje.
h) Dodaj mieszaninę żelatyny i mieszaj, aż się rozpuści. Ochłodzić mieszaninę, aż osiągnie konsystencję nieubitych białek.

i) Białka jaj i krem kamienniczy ubić razem, aż utworzą się miękkie szczyty. Stopniowo dodawaj ¼ szklanki cukru i ubijaj, aż powstanie sztywna piana.
j) Dodać mieszaninę żelatyny i wylać na upieczony spód ciasta. Chłod.

BYCZY:
k) Całość posmaruj słodką bitą śmietaną.
l) Udekoruj plasterkami gujawy.
m) Ciesz się orzeźwiającym szyfonowym ciastem z guawy!

23.Ciasto szyfonowe z limonką i kluczem

SKŁADNIKI:

SKORUPA KOKOSA:
- 2 szklanki wiórków kokosowych, prażonych
- ¼ szklanki brązowego cukru
- ½ szklanki roztopionego masła

SYROP NAPEŁNIAJĄCY:
- ⅓ szklanki Reserved syropu limonkowego
- 1 opakowanie żelatyny bez smaku
- ⅓ szklanki świeżego soku z limonki
- ½ szklanki cukru, podzielone
- 2 Jajka, oddzielone
- 1 szklanka wody
- ½ szklanki) cukru
- ¼ szklanki Skórki limonki (skórki), drobno pokrojonej w paski
- 5 kropli barwnika spożywczego (zielonego), opcjonalnie

KREM:
- 1 szklanka śmietanki do ubijania
- 1 łyżeczka wanilii

INSTRUKCJE:

SKORUPA KOKOSA:

a) W misce wymieszaj wiórki kokosowe, brązowy cukier i roztopione masło.

b) Mocno wciśnij mieszaninę w wysmarowaną tłuszczem blachę do ciasta o średnicy 20 cm. Schłodź, aż będzie twarde.

DO ZROBIENIA SYROPU:

c) W rondlu połącz wodę i cukier. Podgrzać do zagotowania.

d) Dodaj skórkę z limonki i gotuj na wolnym ogniu przez 30 minut. Odcedzić, zachowując syrop i skórkę z limonki.

DO WYPEŁNIENIA:

e) W rondlu podgrzej ⅓ szklanki (75 ml) syropu.

f) Zdejmij patelnię z ognia i posyp ją żelatyną, pozwalając jej zmięknąć przez 1 minutę. Następnie dodaj sok z limonki, ¼ szklanki (50 ml) cukru, 2 żółtka i ewentualnie barwnik spożywczy.

g) Umieścić na małym ogniu, ciągle mieszając, aż mieszanina będzie gęsta i pienista, około 5 minut.

h) Zdjąć z ognia i ostudzić do temperatury pokojowej.
i) Białka ubić z 2 łyżkami stołowymi (25 ml) pozostałego cukru na sztywną pianę.
j) Złóż mieszaninę kremu limonkowego z białkami jaj.
k) Ubij śmietanę z pozostałymi 2 łyżkami (25 ml) cukru i udekoruj odłożoną skórką z kandyzowanej limonki.
l) Schłodzić kilka godzin przed podaniem.
m) Ciesz się orzeźwiającym i pikantnym szyfonowym ciastem Key Lime!

24. Szyfonowe ciasto makadamia

SKŁADNIKI:
- 1 ½ szklanki drobno posiekanych orzechów makadamia
- ¼ szklanki zimnej wody
- 2 łyżeczki niesmakowanej żelatyny
- 4 Żółtka jaj
- ½ szklanki) cukru
- ½ szklanki wrzącej wody
- 5 łyżek ciemnego rumu
- 1 łyżeczka skórki cytrynowej
- 4 Białka jaj
- Szczypta soli
- 1 muszle do ciasta, krótkie ciasto, 10"
- ½ szklanki gęstej śmietany, schłodzonej
- 2 łyżki drobnego cukru

INSTRUKCJE:

a) wlej ¼ szklanki zimnej wody, wsyp żelatynę i odczekaj 2-3 minuty, aż zmięknie. Umieścić filiżankę na patelni z gotującą się wodą i mieszać żelatynę na małym ogniu, aż się rozpuści. Zdejmij patelnię z ognia, ale zostaw filiżankę, aby żelatyna była ciepła.

b) Za pomocą trzepaczki lub ubijaka elektrycznego ubijaj żółtka, aż będą dobrze wymieszane.

c) Powoli dodawaj ¼ szklanki zwykłego cukru i kontynuuj ubijanie, aż żółtka będą na tyle gęste, że po wyjęciu ubijaka z miski będą opadać w formie wstążki.

d) Ciągle ubijając, wlać cienkim strumieniem wrzącą wodę, następnie wlać mieszaninę do emaliowanego lub ze stali nierdzewnej rondla o pojemności od 1½ do 2 litrów. Mieszaj na małym ogniu, aż zgęstnieje i przekształci się w krem tak gęsty, że pokryje łyżkę. Nie dopuść do wrzenia kremu, gdyż może się zwarzyć.

e) Zdejmij rondelek z ognia i dodaj rozpuszczoną żelatynę, następnie przecedź budyń przez drobne sito ustawione nad głęboką miską, dodaj 3 łyżki rumu i skórkę cytrynową. Pozostaw krem do ostygnięcia do temperatury pokojowej, od czasu do czasu mieszając, aby zapobiec jego stężeniu.

f) W osobnej misce ubij białka z solą czystą trzepaczką lub ubijaczką, aż uzyskasz pianę. Posyp pozostałym zwykłym cukrem i kontynuuj ubijanie, aż białka utworzą szczyt.
g) Około ¼ białek dodać do kremu, następnie polać pozostałymi białkami i wymieszać szpatułką.
h) Złożyć 1¼ szklanki orzechów, wlać mieszaninę szyfonu do formy i wygładzić wierzch szpatułką. Przechowywać w lodówce do momentu podania.
i) Tuż przed podaniem ubijamy gęstą śmietanę trzepaczką lub mikserem, aż zgęstnieje. Dodaj bardzo drobny cukier i pozostałe 2 łyżki rumu. Kontynuuj ubijanie, aż krem będzie sztywny.
j) Za pomocą szpatułki rozsmaruj krem na cieście i posyp pozostałymi orzechami.

25. Szyfonowe ciasto z kwiatami pomarańczy

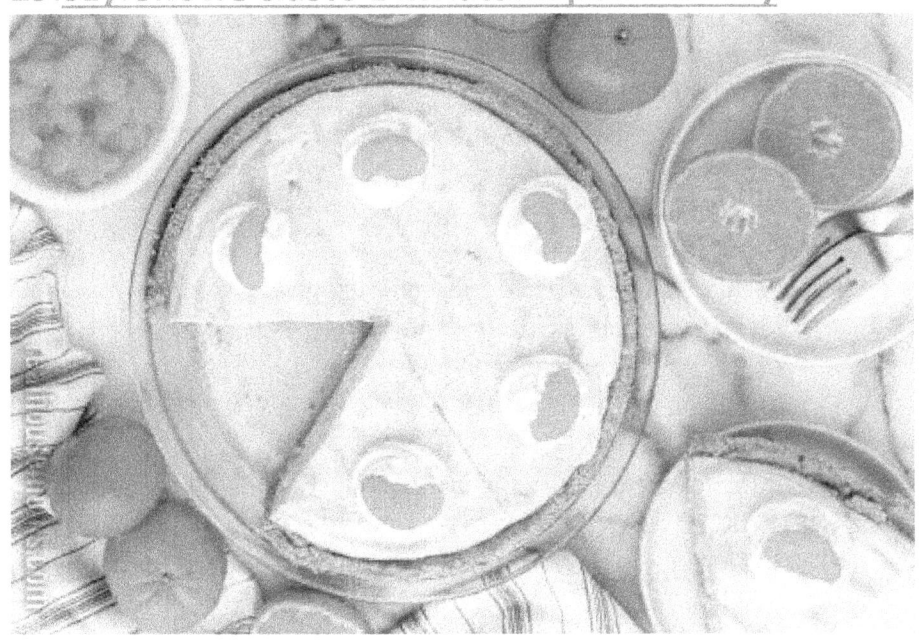

SKŁADNIKI:
- 6 uncji Mrożony koncentrat soku pomarańczowego, częściowo rozmrożony
- ⅓ szklanki zimnej wody
- 1 koperta z niesmakowaną żelatyną
- 2 Żółtka jaj
- 1 szklanka wody
- ¼ łyżeczki soli
- 1 szklanka Ciężka śmietana, schłodzona
- 2 łyżki cukru pudru
- 1 łyżeczka ekstraktu waniliowego
- 2 Białka jaj
- ¼ szklanki) cukru
- 1 9-calowa skorupa z pieczonego ciasta

INSTRUKCJE:
a) Posyp żelatynę zimną wodą na wierzchu podwójnego bojlera, aby zmiękła.
b) Żółtka ubić z pozostałą wodą i solą. Zmiksuj z żelatyną.
c) Gotuj nad wrzącą wodą, ciągle mieszając, aż żelatyna się rozpuści i mieszanina lekko zgęstnieje, około 5 minut.
d) Natychmiast zdejmij z ognia, dodaj koncentrat soku pomarańczowego i mieszaj, aż składniki się połączą. Schładzaj, mieszając od czasu do czasu, aż mieszanina utworzy się w formie kopczyka po upuszczeniu z łyżki (lub schłodź nad lodem i wodą, często mieszając).
e) W międzyczasie ubijaj śmietanę, aż utworzą się miękkie szczyty . Ostatnimi pociągnięciami dodaj cukier puder i ekstrakt waniliowy; ustawić w lodówce.
f) Używając czystego ubijaka, ubij białka na pianę. Stopniowo dodawaj granulowany cukier, kontynuując ubijanie, aż utworzą się zaokrąglone szczyty .
g) Dodać mieszaninę żelatyny, a następnie bitą śmietanę. Zamień go w upieczoną skorupę ciasta. Używając grzbietu łyżki, zakręć wierzch.
h) Dokładnie ostudź. W razie potrzeby udekoruj ciasto kawałkami pomarańczy i wycięciami z ciasta.

26. Brzoskwiniowe ciasto szyfonowe

SKŁADNIKI:
- 1 koperta bezsmakowej żelatyny
- 1 ¼ szklanki Dr Pepper
- ¼ łyżeczki soli
- ½ szklanki) cukru
- 3 jajka; rozdzielony
- 1 łyżka soku z cytryny
- ¼ szklanki) cukru
- 1¼ szklanki brzoskwiń w puszkach; pokrojone w kostkę
- 1 9-calowa skorupa ciasta

INSTRUKCJE:
a) Połącz żelatynę z Dr Pepper. Odłożyć na bok.
b) Połącz sól, ½ szklanki cukru i ubite żółtka na górze podwójnego kotła. Wymieszaj mieszaninę żelatyny.
c) Zagotuj i zalej gorącą wodą, aż lekko zgęstnieje.
d) Dodaj sok z cytryny. Schłodzić do częściowego stężenia, od czasu do czasu mieszając.
e) Białka ubić na pianę. Stopniowo dodawaj ¼ szklanki cukru, ubijaj, aż utworzy się sztywna piana .
f) Złożyć mieszaninę żelatyny; następnie dodać brzoskwinie.
g) Schładzaj, aż mieszanina utworzy się w formie kopczyka po zrzuceniu z łyżki.
h) Wlać do zimnej formy do ciasta.
i) Schłodź, aż będzie twarde.
j) Podawać samo lub udekorowane bitą śmietaną i dodatkowymi plasterkami brzoskwiń.

27. Szyfonowe ciasto z masłem orzechowym

SKŁADNIKI:

- ½ szklanki) cukru
- 2 łyżeczki niesmakowanej żelatyny
- ½ łyżeczki gałki muszkatołowej
- ¼ łyżeczki soli
- 1 szklanka wody
- ½ szklanki masła orzechowego
- 2 Żółtka, lekko ubite
- 1 łyżeczka wanilii
- 2 Białka jaj
- 2 łyżki cukru
- ½ szklanki śmietanki do ubijania
- 1 w pełni dojrzały banan (opcjonalnie)
- 1 9-calowa pieczona skorupa ciasta, schłodzona

INSTRUKCJE:

a) Wymieszaj pierwsze 4 składniki.
b) Powoli dodawaj wodę do masła orzechowego. Mieszaj, aż będzie gładka; wmieszać żółtka.
c) Dodaj mieszaninę żelatyny. Studzimy i mieszamy, aż masa lekko zgęstnieje. Dodaj wanilię i schłódź, aż częściowo stężeje.
d) Białka ubić na sztywną pianę, dodać 2 łyżki cukru, ubijać na sztywną pianę; dodać do pierwszej mieszanki.
e) Ubij śmietanę na sztywną masę i dodaj ją do ciasta.
f) W razie potrzeby pokrój banana w ciasto i posyp nadzieniem.
g) Udekoruj kulkami śmietanki, a w każdej kulce plasterkiem banana.

SERNIKI SZYFONOWE

28. Szyfonowy sernik ananasowy bez pieczenia

SKŁADNIKI:

- 1 ½ szklanki okruszków krakersów graham
- ¼ szklanki niesolonego masła, roztopionego
- 8 uncji lekkiego serka śmietankowego, zmiękczonego
- ½ szklanki cukru pudru
- 1 puszka (20 uncji) pokruszonego ananasa, odsączonego
- 1 szklanka ubitej polewy (takiej jak Cool Whip lub domowej roboty bita śmietana)

INSTRUKCJE:

a) W misce wymieszaj okruchy krakersów graham i roztopione masło. Mieszaj, aż okruchy będą równomiernie pokryte .
b) Wciśnij mieszaninę na dno natłuszczonej lub wyłożonej papierem formy do ciasta o średnicy 9 cali, aby uformować skórkę. Wstawić do lodówki do schłodzenia na czas przygotowywania nadzienia.
c) W osobnej misce ubić lekki serek śmietankowy z cukrem pudrem, aż masa będzie gładka i kremowa.
d) Dodać odsączonego, pokruszonego ananasa i ubitą polewę, aż składniki dobrze się połączą.
e) Na przygotowany spód wylewamy farsz, równomiernie go rozprowadzając.
f) Sernik przechowuj w lodówce przez co najmniej 4 godziny lub do momentu, aż sernik stwardnieje.
g) Pokrój i ciesz się tym lekkim i orzeźwiającym ananasowym sernikiem szyfonowym bez pieczenia!

29. Szyfonowy sernik morelowy bez pieczenia

SKŁADNIKI:

- 2 szklanki okruszków krakersów graham
- ½ szklanki roztopionego, niesolonego masła
- 1 (8-uncjowe) opakowanie serka śmietankowego, zmiękczonego
- ½ szklanki cukru pudru
- 1 łyżeczka ekstraktu waniliowego
- 1 szklanka gęstej śmietany, ubitej
- 1 szklanka konfitury morelowej
- 1 łyżka żelatyny
- ¼ szklanki wody

INSTRUKCJE:

a) Wykonaj kroki 1-6 z poprzedniego przepisu, aby przygotować spód krakersów graham i nadzienie z serka śmietankowego.
b) W małej misce, którą można używać w kuchence mikrofalowej, posyp wodą żelatynę i pozostaw na 5 minut, aby zmiękła.
c) całkowitego rozpuszczenia żelatyny . Niech lekko ostygnie.
d) W osobnej misce ubijaj ciężką śmietanę, aż utworzą się miękkie szczyty.
e) Delikatnie wymieszaj ubitą śmietanę z masą serową.
f) Stopniowo wlewaj schłodzoną mieszaninę żelatyny do mieszanki serka śmietankowego, ciągle mieszając.
g) Rozłóż konfiturę morelową na skórce krakersa graham.
h) Na konfitury wylać masę serową, równomiernie ją rozprowadzając.
i) Przykryj patelnię folią spożywczą i wstaw do lodówki na co najmniej 4 godziny lub na noc, aby masa stwardniała.
j) Po stężeniu zdejmij boki tortownicy i pokrój sernik do podania.

30.Cytrynowy Szyfonowy Sernik Wiśniowy

SKŁADNIKI:
SKORUPA:
- ¼ szklanki okruszków krakersów graham

POŻYWNY:
- 3 uncje żelatyny cytrynowej w proszku
- ⅔ szklanki wrzącej wody
- 1 ½ szklanki niskotłuszczowego twarogu
- 4 uncje beztłuszczowego serka śmietankowego
- 1 opakowanie bitej śmietany, jasnej

BYCZY:
- 1 puszka nadzienia wiśniowego (20 uncji)

INSTRUKCJE:
SKORUPA:
a) Posyp okruszkami krakersów graham na spodzie i bokach lekko spryskanego 9-calowego talerza do ciasta.

POŻYWNY:
b) Rozpuścić żelatynę we wrzącej wodzie; wlać do blendera.
c) Dodaj twarożek i serek śmietankowy; okładka.
d) Mieszaj przez około trzy minuty, w razie potrzeby zdrapując boki.
e) Wlać mieszaninę do dużej miski.
f) Do masy serowej włóż ubitą śmietanę.
g) Schładzaj aż do zestalenia, około 5-6 godzin.

BYCZY:
h) Na wierzch sernika nakładamy nadzienie wiśniowe.
i) Ciesz się pysznym cytrynowym szyfonowym sernikiem wiśniowym!

31. Szyfonowy sernik jagodowy

SKŁADNIKI:
- 1 1/2 szklanki okruszków krakersów graham
- 1/4 szklanki granulowanego cukru
- 1/2 szklanki niesolonego masła, roztopionego
- 1 koperta bezsmakowej żelatyny
- 1/4 szklanki zimnej wody
- 1 szklanka świeżych lub mrożonych jagód
- 16 uncji serka śmietankowego, zmiękczonego
- 1/2 szklanki cukru pudru
- 1 łyżeczka ekstraktu waniliowego
- 1 szklanka gęstej śmietany, ubitej

INSTRUKCJE:

a) W misce wymieszaj okruchy krakersów graham, granulowany cukier i roztopione masło, aż się połączą. Wciśnij mieszaninę na dno 9-calowej tortownicy. Podczas przygotowywania nadzienia należy schłodzić w lodówce.

b) W małym rondlu zalać żelatynę zimną wodą i odstawić na 1 minutę. Podgrzewać na małym ogniu, mieszając, aż żelatyna całkowicie się rozpuści. Zdjąć z ognia i lekko ostudzić.

c) W blenderze lub robocie kuchennym zmiksuj jagody na gładką masę. Przecedź puree przez sito o drobnych oczkach, aby usunąć nasiona.

d) W misce miksującej ubić ser śmietankowy na gładką masę. Dodaj cukier puder i ekstrakt waniliowy i mieszaj, aż dobrze się połączą.

e) Stopniowo dodawaj puree jagodowe do mieszanki serka śmietankowego, ubijaj, aż masa będzie gładka.

f) Dodawaj bitą śmietanę, aż dobrze się połączy.

g) Stopniowo wlewaj mieszaninę żelatyny do mieszanki jagodowej, ciągle mieszając, aż do połączenia.

h) Na przygotowany spód wylewamy farsz i równomiernie rozprowadzamy. Schładzaj w lodówce przez co najmniej 4 godziny lub do momentu stwardnienia.

i) Po stężeniu ostrożnie wyjąć sernik z tortownicy. Podawać schłodzone i według uznania udekorować świeżymi jagodami.

32.Szyfonowy sernik ananasowy

SKŁADNIKI:
SKORUPA:
- 1 szklanka okruszków Graham
- 1 łyżka margaryny tubowej
- 1 łyżka jasnego syropu kukurydzianego
- ½ łyżki wody

POŻYWNY:
- ¼ szklanki zimnej wody
- ¼ szklanki mleka w proszku Instant NF
- 20 uncji Zmiażdżony ananas z puszki, bez odsączenia
- 1 opakowanie PLUS 1 łyżeczka niesmakowanej żelatyny
- ¾ szklanki PLUS 2 łyżki cukru
- 3 łyżki soku z cytryny
- 1 ½ łyżeczki wanilii
- ¾ łyżeczki Drobno startej skórki z cytryny
- 6 uncji serka śmietankowego LF, pokrojonego w kostkę, temp. pokojowa.
- ¾ szklanki jogurtu naturalnego NF

INSTRUKCJE:

a) W robocie kuchennym połącz okruchy grahamu i margarynę, lekko mieszając pulsacyjnie.

b) W małej filiżance wymieszaj syrop kukurydziany i wodę, aż dobrze się wymieszają. Wsyp okruchy i ponownie pulsuj, aż dobrze się połączą i dobrze połączą (dodaj kilka kropli wody, jeśli ciasto jest zbyt suche). Wciśnij dno natryskiwanej tortownicy o średnicy 9 cali i piecz w temperaturze 350 F przez 7-10 minut, aż ciasto będzie twarde i lekko zabarwione na brązowo. Ostudź na kratce.

c) W małej misce stopniowo mieszaj wodę z mlekiem w proszku, aż masa będzie gładka. Schładzaj w zamrażarce przez 40-50 minut, aż masa zamarznie, ale nie będzie całkowicie twarda (jeśli masa zamarznie, rozdrobnij ją łyżką i odstaw, aż lekko zmięknie).

d) Odcedź płyn z ananasa do małego rondla, zachowując ananasa. Sok posypać żelatyną. Odstaw na 5 minut lub do momentu, aż zmięknie. Postaw na średnim ogniu i ciągle mieszaj, aż mieszanina będzie gorąca, a żelatyna się rozpuści. Odstawić, mieszając od czasu do czasu, aby zapobiec osiadaniu.

e) Połącz cukier, sok z cytryny, wanilię i skórkę w robocie kuchennym i miksuj aż do dokładnego wymieszania. Gdy urządzenie pracuje, dodaj serek śmietankowy i mieszaj, aż masa będzie gładka. Wymieszaj z ananasem i odłóż na bok.
f) Przenieś zamrożone mleko do dużej miski do miksowania. Ubijaj mikserem na wysokich obrotach przez 5-7 minut do uzyskania miękkich szczytów. (Bądź cierpliwy)
g) Jogurt mieszaj z żelatyną, aż będzie gładka. Natychmiast dodać do ubitego mleka i dalej ubijać jeszcze 2 minuty. Ubij mieszaninę sera śmietankowego, aż będzie wymieszana i gładka.
h) Wylać na spód i wygładzić powierzchnię. Przechowywać w lodówce przez co najmniej 1 godzinę.
i) Skropić glazurą ananasową.

33.Sernik Szyfonowy Pomarańczowy

SKŁADNIKI:
SKORUPA:
- 2 szklanki okruszków krakersów Graham
- 1 sztyft (½ szklanki) dietetycznej margaryny w sztyfcie, roztopionej

NADZIENIE POMARAŃCZOWE:
- 1 szklanka soku pomarańczowego
- 1 koperta bezsmakowej żelatyny
- 12 uncji Niskokaloryczny ser śmietankowy (Neufchâtel), miękki
- 1 szklanka częściowo odtłuszczonego sera ricotta
- 12 opakowań Równy słodzik
- 1 opakowanie niskokalorycznej posypki ubijanej
- ½ szklanki odtłuszczonego mleka
- 2 średnie pomarańcze, obrane, wypestkowane i posiekane (około 1 szklanki posiekanych segmentów pomarańczy)
- 1 pomarańcza, obrana i podzielona na kawałki do dekoracji (w razie potrzeby)

INSTRUKCJE:
SKORUPA:
a) Spryskaj 9-calową patelnię sprężynową nieprzywierającym sprayem do warzyw.
b) Dokładnie wymieszaj składniki ciasta i wyciśnij je na dno i do połowy wysokości boków formy.
c) Piec w piekarniku nagrzanym do 350 stopni przez 8 do 10 minut lub do momentu, aż ciasto się zetnie. Fajny.

NADZIENIE POMARAŃCZOWE:
d) Do małego rondelka wlać sok pomarańczowy. Posyp żelatyną sok pomarańczowy i odstaw na 1 minutę, aby zmiękła.
e) Podgrzewać, ciągle mieszając, aż żelatyna się rozpuści (około 3 minuty).
f) W dużej misce wymieszaj serek śmietankowy i ser ricotta, aż uzyskasz gładką masę.
g) Przygotować ubitą polewę zgodnie z instrukcją na opakowaniu, zastępując mleko wodą.
h) Do masy serowej włóż ubitą polewę.
i) Wymieszać z posiekanymi pomarańczami.
j) Na przygotowany spód wyłóż farsz i równomiernie go rozprowadź.
k) Schładzaj przez 6 godzin lub przez noc.
l) W razie potrzeby udekoruj cząstkami pomarańczy.
m) Ciesz się pysznym pomarańczowym sernikiem szyfonowym!

34. Szyfonowy sernik z marakuji

SKŁADNIKI:
NA PODSTAWĘ:
- 1 szklanka pokruszonych herbatników (zalecane są ciasteczka szkockie)
- ¼ szklanki kokosa
- 80 g Roztopionego masła

NA SERNIK:
- 500 g serka śmietankowego, miękkiego
- ½ szklanki cukru pudru
- 3 łyżeczki żelatyny
- ¼ szklanki wrzącej wody
- 225 g Kawałki białej czekolady
- ½ szklanki miazgi z marakui
- Skórka z 2 limonek
- 300 ml Zagęszczonej śmietanki
- 4 białka jaj
- ¼ szklanki cukru pudru
- ¼ szklanki miazgi z marakui (dodatkowo do skropienia)
- 300 ml Zagęszczonej śmietanki
- 2 łyżki cukru pudru

INSTRUKCJE:
a) Używając robota kuchennego, uformuj 1 szklankę okruchów ciasteczek, przetwarzając słodkie ciastka.
b) Natłuścić i wyłożyć papierem do pieczenia okrągłą tortownicę o średnicy 20 cm (8 cali).
c) W dużej misce wymieszaj okruszki ciasteczek, kokos i roztopione masło. Dokładnie wymieszać.
d) Na spód formy do pieczenia wyłóż pokruszone ciasteczka, równomiernie dociśnij i włóż do lodówki do wystygnięcia.
e) W osobnej misce ubij 300 ml zagęszczonej śmietanki, aż utworzy się miękka piana. Odłożyć na bok.
f) Białka ubić w małej misce, aż utworzą się miękkie szczyty. Odłożyć na bok.

g) Rozpuść białą czekoladę w misce ustawionej nad garnkiem z wrzącą wodą. Mieszaj, aż będzie gładka i całkowicie roztopiona. Zdjąć z ognia i pozostawić do lekkiego ostygnięcia .
h) W innej dużej misce ubij serek śmietankowy i cukier na gładką masę za pomocą miksera elektrycznego.
i) Żelatynę rozpuścić we wrzącej wodzie i dodać wraz z białą czekoladą i skórką z limonki do masy serkowej. Delikatnie ubijaj do połączenia.
j) Dodać miąższ z marakui i delikatnie wymieszać.
k) Dodać ubitą śmietanę, a następnie ubite białka.
l) Wlać mieszaninę na spód biszkoptowy w formie do pieczenia.
m) Przechowywać w lodówce i odstawić na co najmniej 3 godziny (najlepiej dłużej).
n) Po zastygnięciu przygotuj glazurę, podgrzewając w małym rondlu ¼ szklanki miąższu marakui z cukrem pudrem. Gotować około 5 minut, aż zgęstnieje. Fajny.
o) Ubij 300 ml gęstej śmietanki i 2 łyżki cukru pudru, aż powstanie sztywna piana.
p) Wyłóż bitą śmietanę na sernik i posmaruj polewą z marakui.
q) Przed podaniem wróć do lodówki, aby się schłodziła.

35. Szyfonowy sernik mango

SKŁADNIKI:

- 1 1/2 szklanki okruszków krakersów graham
- 1/4 szklanki granulowanego cukru
- 1/2 szklanki niesolonego masła, roztopionego
- 1 koperta bezsmakowej żelatyny
- 1/4 szklanki zimnej wody
- 1 szklanka puree z mango
- 16 uncji serka śmietankowego, zmiękczonego
- 1/2 szklanki cukru pudru
- 1 łyżeczka ekstraktu waniliowego
- 1 szklanka gęstej śmietany, ubitej

INSTRUKCJE:

a) W misce wymieszaj okruchy krakersów graham, granulowany cukier i roztopione masło, aż się połączą. Wciśnij mieszaninę na dno 9-calowej tortownicy. Podczas przygotowywania nadzienia należy schłodzić w lodówce.

b) W małym rondlu zalać żelatynę zimną wodą i odstawić na 1 minutę. Podgrzewać na małym ogniu, mieszając, aż żelatyna całkowicie się rozpuści. Zdjąć z ognia i lekko ostudzić.

c) W misce miksującej ubić ser śmietankowy na gładką masę. Dodaj cukier puder i ekstrakt waniliowy i mieszaj, aż dobrze się połączą.

d) Stopniowo dodawaj puree z mango do mieszanki serka śmietankowego, ubijaj, aż masa będzie gładka.

e) Dodawaj bitą śmietanę, aż dobrze się połączy.

f) Stopniowo wlewaj mieszaninę żelatyny do mieszaniny mango, ciągle mieszając, aż do połączenia.

g) Na przygotowany spód wylewamy farsz i równomiernie rozprowadzamy. Schładzaj w lodówce przez co najmniej 4 godziny lub do momentu stwardnienia.

h) Po stężeniu ostrożnie wyjąć sernik z tortownicy. Podawać schłodzone i według uznania udekorować plasterkami świeżego mango.

36.Sernik Szyfonowy Malinowy

SKŁADNIKI:

- 1 1/2 szklanki okruszków krakersów graham
- 1/4 szklanki granulowanego cukru
- 1/2 szklanki niesolonego masła, roztopionego
- 1 koperta bezsmakowej żelatyny
- 1/4 szklanki zimnej wody
- 1 szklanka świeżych lub mrożonych malin
- 16 uncji serka śmietankowego, zmiękczonego
- 1/2 szklanki cukru pudru
- 1 łyżeczka ekstraktu waniliowego
- 1 szklanka gęstej śmietany, ubitej

INSTRUKCJE:

a) W misce wymieszaj okruchy krakersów graham, granulowany cukier i roztopione masło, aż się połączą. Wciśnij mieszaninę na dno 9-calowej tortownicy. Podczas przygotowywania nadzienia należy schłodzić w lodówce.

b) W małym rondlu zalać żelatynę zimną wodą i odstawić na 1 minutę. Podgrzewać na małym ogniu, mieszając, aż żelatyna całkowicie się rozpuści. Zdjąć z ognia i lekko ostudzić.

c) W blenderze lub robocie kuchennym zmiksuj maliny na gładką masę. Przecedź puree przez sito o drobnych oczkach, aby usunąć nasiona.

d) W misce miksującej ubić ser śmietankowy na gładką masę. Dodaj cukier puder i ekstrakt waniliowy i mieszaj, aż dobrze się połączą.

e) Stopniowo dodawaj puree malinowe do masy serowej, ubijaj, aż masa będzie gładka.

f) Dodawaj bitą śmietanę, aż dobrze się połączy.

g) Stopniowo wlewaj mieszaninę żelatyny do masy malinowej, ciągle mieszając, aż do połączenia.

h) Na przygotowany spód wylewamy farsz i równomiernie rozprowadzamy. Schładzaj w lodówce przez co najmniej 4 godziny lub do momentu stwardnienia.

i) Po stężeniu ostrożnie wyjąć sernik z tortownicy. Podawać schłodzone i według uznania udekorować świeżymi malinami.

37. Szyfonowy sernik jeżynowy

SKŁADNIKI:

- 1 1/2 szklanki okruszków krakersów graham
- 1/4 szklanki granulowanego cukru
- 1/3 szklanki niesolonego masła, roztopionego
- 1 1/2 szklanki świeżych jeżyn
- 2 łyżki soku z cytryny
- 2 łyżeczki skrobi kukurydzianej
- 3 opakowania (po 8 uncji) serka śmietankowego, zmiękczonego
- 1 szklanka cukru pudru
- 1 łyżeczka ekstraktu waniliowego
- 1 szklanka gęstej śmietany, ubitej

INSTRUKCJE:

a) Rozgrzej piekarnik do 160°C (325°F). Nasmaruj tłuszczem 9-calową tortownicę.
b) W misce wymieszaj okruchy krakersów graham, cukier granulowany i roztopione masło. Wciśnij mieszaninę na dno przygotowanej formy.
c) W małym rondlu wymieszaj jeżyny, sok z cytryny i skrobię kukurydzianą. Gotuj na średnim ogniu, aż zgęstnieje, ciągle mieszając. Zdjąć z ognia i ostudzić.
d) W dużej misce ubić serek śmietankowy, cukier puder i ekstrakt waniliowy na gładką masę.
e) Delikatnie wymieszaj z ubitą śmietaną, aż składniki dobrze się połączą.
f) Na przygotowany spód rozsmaruj połowę masy serowej.
g) Połowę mieszanki jeżynowej wyłóż na warstwę serka śmietankowego i wymieszaj nożem.
h) Powtórz tę czynność z pozostałą mieszanką serka śmietankowego i mieszanką jeżyn.
i) Piec przez 45-50 minut lub do momentu, aż środek się zetnie.
j) Pozwól sernikowi ostygnąć na patelni ustawionej na drucianej kratce. Przed podaniem przechowywać w lodówce przez co najmniej 4 godziny lub przez noc.

38. Sernik szyfonowy Matcha

SKŁADNIKI:
NA CIASTO SZYFONOWE:
- 4 duże jajka, oddzielone od siebie
- 1/4 szklanki granulowanego cukru
- 1/4 szklanki oleju roślinnego
- 1/4 szklanki mleka
- 1 łyżeczka ekstraktu waniliowego
- 1 szklanka mąki tortowej
- 1 łyżka proszku matcha
- 1 łyżeczka proszku do pieczenia
- 1/4 łyżeczki soli

NA NADZIENIE SERNIKA:
- 8 uncji serka śmietankowego, zmiękczonego
- 1/2 szklanki cukru pudru
- 1 łyżeczka proszku matcha
- 1 szklanka gęstej śmietany, schłodzonej
- 1 łyżeczka ekstraktu waniliowego

INSTRUKCJE:
a) Rozgrzej piekarnik do 160°C (325°F). Natłuść i wyłóż dno 8-calowej okrągłej formy do ciasta pergaminem.
b) W dużej misce ubić żółtka z 2 łyżkami cukru, aż masa będzie jasna i kremowa. Dodaj olej roślinny, mleko i ekstrakt waniliowy i mieszaj, aż dobrze się połączą.
c) Przesiej mąkę tortową, proszek matcha, proszek do pieczenia i sól. Stopniowo dodawaj suche składniki do masy z żółtek, mieszaj, aż masa będzie gładka.
d) W osobnej, czystej misce ubić białka na pianę. Stopniowo dodawaj pozostałe 2 łyżki cukru i kontynuuj ubijanie, aż masa będzie sztywna.
e) Delikatnie wmieszać ubite białka do ciasta, tak aby nie pozostały smugi.
f) Ciasto wlać do przygotowanej tortownicy i wygładzić wierzch. Piec w nagrzanym piekarniku przez 30-35 minut lub do momentu, aż wykałaczka wbita w środek będzie czysta.

g) Wyjmij ciasto z piekarnika i pozostaw do całkowitego ostudzenia na blaszce ustawionej na metalowej kratce.
h) W czasie, gdy ciasto chłodzi się, przygotuj nadzienie sernikowe. W misce miksującej ubić zmiękczony serek śmietankowy na gładką masę. Dodaj cukier puder i proszek matcha i ubijaj, aż składniki dobrze się połączą i uzyskają kremową masę.
i) W drugiej misce ubijaj schłodzoną, ciężką śmietankę z ekstraktem waniliowym, aż powstanie sztywna piana.
j) Delikatnie wymieszaj ubitą śmietanę z masą serową, aż masa będzie gładka i dobrze połączona.
k) Gdy ciasto szyfonowe całkowicie ostygnie, ostrożnie przekrój je poziomo na dwie warstwy.
l) Połóż jedną warstwę szyfonowego ciasta na talerzu lub stojaku na ciasto. Na warstwę ciasta nałóż dużą ilość nadzienia z sernika matcha.
m) Na nadzienie połóż drugą warstwę ciasta szyfonowego. Pozostałym nadzieniem z sernika matcha posmaruj wierzch i boki ciasta.
n) Ciasto przechowuj w lodówce przez co najmniej 4 godziny lub do momentu, aż ciasto stwardnieje.
o) Jeśli chcesz, przed podaniem możesz posypać wierzch ciasta dodatkowym proszkiem matcha do dekoracji.
p) Pokrój i podawaj schłodzony sernik szyfonowy matcha. Cieszyć się!

39. Szyfonowy sernik imbirowo-gruszkowy

SKŁADNIKI:
NA CIASTO SZYFONOWE:
- 4 duże jajka, oddzielone od siebie
- 1/4 szklanki granulowanego cukru
- 1/4 szklanki oleju roślinnego
- 1/4 szklanki mleka
- 1 łyżeczka ekstraktu waniliowego
- 1 szklanka mąki tortowej
- 1 łyżeczka mielonego imbiru
- 1 łyżeczka proszku do pieczenia
- 1/4 łyżeczki soli

NA NADZIENIE SERNIKA:
- 8 uncji serka śmietankowego, zmiękczonego
- 1/2 szklanki cukru pudru
- 1/2 łyżeczki mielonego imbiru
- 1 łyżeczka ekstraktu waniliowego
- 1 szklanka gęstej śmietany, schłodzonej

Na polewę gruszkową:
- 2 dojrzałe gruszki, obrane, pozbawione gniazd nasiennych i pokrojone w plasterki
- 2 łyżki niesolonego masła
- 2 łyżki brązowego cukru
- 1 łyżeczka mielonego cynamonu
- 1/2 łyżeczki mielonego imbiru
- 1/4 szklanki wody

INSTRUKCJE:

a) Rozgrzej piekarnik do 160°C (325°F). Natłuść i wyłóż dno 8-calowej okrągłej formy do ciasta pergaminem.
b) W dużej misce ubić żółtka z 2 łyżkami cukru, aż masa będzie jasna i kremowa. Dodaj olej roślinny, mleko i ekstrakt waniliowy i mieszaj, aż dobrze się połączą.
c) Przesiej mąkę tortową, mielony imbir, proszek do pieczenia i sól. Stopniowo dodawaj suche składniki do masy z żółtek, mieszaj, aż masa będzie gładka.
d) W osobnej, czystej misce ubić białka na pianę. Stopniowo dodawaj pozostałe 2 łyżki cukru i kontynuuj ubijanie, aż masa będzie sztywna.
e) Delikatnie wmieszać ubite białka do ciasta, tak aby nie pozostały smugi.
f) Ciasto wlać do przygotowanej tortownicy i wygładzić wierzch. Piec w nagrzanym piekarniku przez 30-35 minut lub do momentu, aż wykałaczka wbita w środek będzie czysta.
g) Wyjmij ciasto z piekarnika i pozostaw do całkowitego ostudzenia na blaszce ustawionej na metalowej kratce.
h) W czasie, gdy ciasto chłodzi się, przygotuj nadzienie sernikowe. W misce miksującej ubić zmiękczony serek śmietankowy na gładką masę. Dodaj cukier puder, mielony imbir i ekstrakt waniliowy i ubijaj, aż składniki dobrze się połączą i uzyskają kremową konsystencję.
i) W drugiej misce ubijaj schłodzoną, ciężką śmietankę, aż powstanie sztywna piana. Delikatnie wymieszaj ubitą śmietanę z masą serową, aż masa będzie gładka i dobrze połączona.
j) Gdy ciasto szyfonowe całkowicie ostygnie, ostrożnie przekrój je poziomo na dwie warstwy.
k) Połóż jedną warstwę szyfonowego ciasta na talerzu lub stojaku na ciasto. Na warstwę ciasta nałóż dużą ilość nadzienia z sernika imbirowego.
l) Na nadzienie połóż drugą warstwę ciasta szyfonowego. Pozostałym nadzieniem z sernika imbirowego posmaruj wierzch i boki ciasta.

m) Aby przygotować polewę gruszkową, rozpuść masło na patelni na średnim ogniu. Dodać pokrojone gruszki, brązowy cukier, mielony cynamon, mielony imbir i wodę. Gotuj, mieszając od czasu do czasu, aż gruszki zmiękną i skarmelizują, około 5-7 minut . Zdjąć z ognia i pozostawić do lekkiego ostygnięcia.
n) Na wierzch sernika wyłóż karmelizowaną masę gruszkową.
o) Sernik przechowuj w lodówce przez co najmniej 4 godziny lub do momentu, aż sernik stwardnieje.
p) W razie potrzeby przed podaniem możesz udekorować wierzch sernika dodatkowymi plasterkami świeżej gruszki.
q) Pokrój i podawaj schłodzony sernik szyfonowy z imbirem i gruszką. Rozkoszuj się pysznym połączeniem pikantnego imbiru, słodkich gruszek i kremowego nadzienia sernika!

40. Szyfonowy sernik bananowo-karmelizowany

SKŁADNIKI:

NA CIASTO SZYFONOWE:
- 4 duże jajka, oddzielone od siebie
- 1/4 szklanki granulowanego cukru
- 1/4 szklanki oleju roślinnego
- 1/4 szklanki mleka
- 1 łyżeczka ekstraktu waniliowego
- 1 szklanka mąki tortowej
- 1 łyżeczka proszku do pieczenia
- 1/4 łyżeczki soli

NA NADZIENIE SERNIKA:
- 8 uncji serka śmietankowego, zmiękczonego
- 1/2 szklanki cukru pudru
- 1 łyżeczka ekstraktu waniliowego
- 1 szklanka gęstej śmietany, schłodzonej

NA KARMELIZOWANĄ polewę bananową:
- 2 dojrzałe banany, pokrojone w plasterki
- 2 łyżki niesolonego masła
- 1/4 szklanki brązowego cukru
- 1/4 łyżeczki mielonego cynamonu
- 1/4 szklanki gęstej śmietanki

INSTRUKCJE:

a) Rozgrzej piekarnik do 160°C (325°F). Natłuść i wyłóż dno 8-calowej okrągłej formy do ciasta pergaminem.

b) W dużej misce ubić żółtka z 2 łyżkami cukru, aż masa będzie jasna i kremowa. Dodaj olej roślinny, mleko i ekstrakt waniliowy i mieszaj, aż dobrze się połączą.

c) Przesiej mąkę tortową, proszek do pieczenia i sól. Stopniowo dodawaj suche składniki do masy z żółtek, mieszaj, aż masa będzie gładka.

d) W osobnej, czystej misce ubić białka na pianę. Stopniowo dodawaj pozostałe 2 łyżki cukru i kontynuuj ubijanie, aż masa będzie sztywna.

e) Delikatnie wmieszać ubite białka do ciasta, tak aby nie pozostały smugi.

f) Ciasto wlać do przygotowanej tortownicy i wygładzić wierzch. Piec w nagrzanym piekarniku przez 30-35 minut lub do momentu, aż wykałaczka wbita w środek będzie czysta.
g) Wyjmij ciasto z piekarnika i pozostaw do całkowitego ostudzenia na blaszce ustawionej na metalowej kratce.
h) W czasie, gdy ciasto chłodzi się, przygotuj nadzienie sernikowe. W misce miksującej ubić zmiękczony serek śmietankowy na gładką masę. Dodaj cukier puder i ekstrakt waniliowy i ubijaj, aż składniki dobrze się połączą i uzyskają kremową masę.
i) W drugiej misce ubijaj schłodzoną, ciężką śmietankę, aż powstanie sztywna piana. Delikatnie wymieszaj ubitą śmietanę z masą serową, aż masa będzie gładka i dobrze połączona.
j) Gdy ciasto szyfonowe całkowicie ostygnie, ostrożnie przekrój je poziomo na dwie warstwy.
k) Połóż jedną warstwę szyfonowego ciasta na talerzu lub stojaku na ciasto. Na warstwę ciasta rozsmaruj dużą ilość nadzienia sernikowego.
l) Na nadzienie połóż drugą warstwę ciasta szyfonowego. Pozostałym nadzieniem sernikowym smarujemy wierzch i boki ciasta.
m) Aby przygotować karmelizowaną polewę bananową, rozpuść masło na patelni na średnim ogniu. Dodaj pokrojone banany, brązowy cukier i mielony cynamon. Gotuj, mieszając od czasu do czasu, aż banany zmiękną i skarmelizują, około 5-7 minut . Zdjąć z ognia i pozostawić do lekkiego ostygnięcia.
n) W osobnym małym rondlu podgrzej ciężką śmietankę, aż będzie ciepła. Ciepłą śmietaną zalej karmelizowane banany i mieszaj, aż składniki dobrze się połączą.
o) Na wierzch sernika wyłóż karmelizowaną masę bananową.
p) Sernik przechowuj w lodówce przez co najmniej 4 godziny lub do momentu, aż sernik stwardnieje.
q) Jeśli chcesz, przed podaniem możesz udekorować wierzch sernika dodatkowymi plasterkami świeżego banana.
r) Pokrój i podawaj schłodzony karmelizowany bananowo-szyfonowy sernik. Rozkoszuj się pysznym połączeniem słodkich karmelizowanych bananów i kremowego nadzienia sernika!

SZYFONOWE CIASTA

41. Szyfonowe ciasto Yuzu

SKŁADNIKI:
- 3 białka jaj
- 40 g drobnego cukru
- 3 żółtka
- 10 g drobnego cukru
- 20 g otrębów ryżowych/oleju roślinnego
- 40 g soku Yuzu
- 15g Koreańska herbata cytrynowa

INSTRUKCJE:
a) Wyłóż podstawę okrągłej formy o średnicy 6 cali papierem pergaminowym. Nie musisz smarować boków.
b) Mąkę tortową przesiać dwa razy. Odłożyć na bok.
c) Skórki herbaty cytrynowej pokroić na kawałki. Połącz otręby ryżowe/olej roślinny, sok yuzu i herbatę cytrynową w małej zlewce. Odłożyć na bok.
d) W osobnej misce ubić żółtko z 10 g drobnego cukru, aż masa będzie jasna i kremowa
e) Stopniowo dodawaj mieszaninę.
f) Mąkę przesiej i wymieszaj w kilku partiach, aby uniknąć nadmiernego wymieszania mąki. Przykryj i odłóż na bok.
g) W osobnej, czystej i odtłuszczonej misce ubić białka na pianę, następnie stopniowo dodawać 40 g cukru. Ubijaj na średnio-wysokiej prędkości, aż do prawie sztywnej fazy szczytowej.
h) W ciągu ostatniej 1 minuty zmniejsz prędkość miksera do niskiej. Odłożyć na bok.
i) Dodać około ⅓ bezy i dobrze wymieszać.
j) Wlać ponownie do połączenia z pozostałą bezą. Złożyć do połączenia na gładkie ciasto.
k) Wlać ciasto do nienatłuszczonej okrągłej formy do ciasta o średnicy 6 cali. Uderz patelnią o blat, aby usunąć wszelkie uwięzione pęcherzyki powietrza.
l) Piec w piekarniku nagrzanym do 140 stopni Celsjusza przez około 25 do 30 minut, na najniższej półce.
m) Gdy ciasto wyrośnie prawie do krawędzi formy, zwiększ temperaturę do 170 stopni Celsjusza na około 10 do 15 minut.

n) Po 10 minutach od pieczenia w temperaturze 170 stopni Celsjusza ciasto nadal podnosiło się ponad brzeg formy. 15 minut po pieczeniu w temperaturze 170 stopni Celsjusza.
o) Wyjmij z piekarnika i upuść ciasto z patelnią, 3 razy na ściereczkę. Natychmiast odwrócić formę na kratkę, aby ostygła przez około 25 minut.
p) Odwróć gorące ciasto na ruszcie ustawionym na otwartym garnku do gotowania ryżu i piecz przez około 25 minut. Uważam, że jest to łatwiejsze niż balansowanie na dwóch misach,
q) Wyjąć ciasto z formy i ostudzić na kratce.
r) Przed krojeniem poczekaj, aż ciasto całkowicie ostygnie.

42. Szyfonowe ciasto czekoladowe

SKŁADNIKI:
- 1 ¾ szklanki mąki uniwersalnej
- 1 ½ szklanki granulowanego cukru
- ¾ szklanki niesłodzonego kakao w proszku
- 1 ½ łyżeczki proszku do pieczenia
- 1 łyżeczka sody oczyszczonej
- ½ łyżeczki soli
- ½ szklanki oleju roślinnego
- 7 dużych jaj, oddzielonych
- 1 szklanka wody
- 1 łyżeczka ekstraktu waniliowego
- ½ łyżeczki kremu z kamienia nazębnego

NA LAKIER Z BITĄ ŚMIETANĄ CZEKOLADOWĄ:
- 2 szklanki ciężkiej śmietanki, zimnej
- ½ szklanki cukru pudru
- ¼ szklanki niesłodzonego kakao w proszku
- 1 łyżeczka ekstraktu waniliowego

OPCJONALNE DEKORACJE:
- Wiórki czekoladowe
- świeże jagody

INSTRUKCJE:
NA CIASTO SZYFONOWE CZEKOLADOWE:
a) Rozgrzej piekarnik do 170°C (340°F), natłuść i posyp mąką 10-calową formę rurową.
b) W dużej misce wymieszaj mąkę, cukier granulowany, kakao w proszku, proszek do pieczenia, sodę oczyszczoną i sól.
c) Zrób wgłębienie na środku suchych składników i dodaj olej roślinny, żółtka, wodę i ekstrakt waniliowy. Ubijaj, aż masa będzie gładka i dobrze połączona.
d) W osobnej misce ubijaj białka i krem kamienniczy za pomocą miksera elektrycznego, aż powstanie sztywna piana.
e) Delikatnie dodaj ubite białka do ciasta czekoladowego, uważając, aby ich nie wymieszać.
f) Ciasto wlać do przygotowanej formy i wygładzić wierzch szpatułką.

g) Piec w nagrzanym piekarniku przez około 45-50 minut lub do momentu, aż wykałaczka wbita w środek ciasta będzie sucha.
h) Wyjmij ciasto z piekarnika i przełóż formę na metalową kratkę, aby całkowicie ostygła. Pomaga to ciastu utrzymać swoją wysokość i zapobiega jego zapadaniu się.

NA LAKIER Z BITĄ ŚMIETANĄ CZEKOLADOWĄ:
i) W schłodzonej misce ubijaj śmietankę, cukier puder, kakao w proszku i ekstrakt waniliowy, aż powstanie sztywna piana.
j) Uważaj, żeby nie przebić, bo może to zamienić śmietanę w masło.

MONTAŻ:
k) Gdy czekoladowe ciasto szyfonowe całkowicie ostygnie, przesuń nożem po krawędziach formy, aby poluzować ciasto. Zdejmij go z patelni i połóż na talerzu do serwowania.
l) Rozsmaruj bitą śmietanę czekoladową na wierzchu i bokach ciasta, używając szpatułki, aby utworzyć gładką i równą warstwę.
m) Opcjonalnie: Udekoruj ciasto wiórkami czekolady i świeżymi jagodami, aby uzyskać dodatkową elegancję.
n) Pokrój i podawaj czekoladowe ciasto szyfonowe, delektując się jego lekką i czekoladową dobrocią.

43.Tort szyfonowy Dalgona

SKŁADNIKI:
NA CIASTO:
- 6 dużych jaj, oddzielonych
- ½ szklanki granulowanego cukru
- ½ szklanki oleju roślinnego
- ½ filiżanki kawy Dalgona
- 1 łyżeczka ekstraktu waniliowego
- 1 ½ szklanki mąki tortowej
- 2 łyżeczki proszku do pieczenia
- ¼ łyżeczki soli

NA LUK Z BITĄ ŚMIETANKĄ KAWOWĄ DALGONA:
- 1 ½ szklanki ciężkiej śmietany, schłodzonej
- ¼ szklanki cukru pudru
- ¼ filiżanki kawy Dalgona
- Proszek kakaowy (do posypania, opcjonalnie)

INSTRUKCJE:
a) Rozgrzej piekarnik do 165°C (325°F). Formę do ciasta szyfonowego natłuszczamy i oprószamy mąką.
b) W dużej misce ubić żółtka z cukrem, aż masa stanie się kremowa i bladożółta.
c) Dodaj olej roślinny, kawę Dalgona i ekstrakt waniliowy do mieszanki żółtek. Dobrze wymieszaj.
d) W osobnej misce wymieszaj mąkę tortową, proszek do pieczenia i sól.
e) Stopniowo dodawaj suche składniki do mokrych, miksuj tylko do połączenia. Uważaj, aby nie przemieszać.
f) W innej czystej misce ubijaj białka, aż utworzą się miękkie szczyty.
g) Delikatnie wmieszać ubite białka do ciasta, aż dobrze się połączą.
h) Ciasto wlać do przygotowanej tortownicy szyfonowej. Wygładź wierzch szpatułką.
i) Piec w nagrzanym piekarniku przez około 45-50 minut lub do momentu, aż wykałaczka wbita w środek ciasta będzie sucha.
j) Wyjmij ciasto z piekarnika i pozostaw do ostygnięcia w formie do góry nogami, aby zapobiec opadnięciu.
k) Gdy ciasto całkowicie ostygnie, ostrożnie wyjmij je z formy.

l) Aby przygotować lukier z bitą śmietaną do kawy Dalgona, ubijaj schłodzoną, ciężką śmietankę i cukier puder, aż utworzą się miękkie szczyty. Dodaj kawę Dalgona i kontynuuj ubijanie, aż powstanie sztywna piana.
m) Posmaruj schłodzone ciasto szyfonowe lukrem z bitą śmietaną kawową Dalgona, pokrywając górę i boki ciasta.
n) Opcjonalnie: Posyp wierzch ciasta proszkiem kakaowym dla dodania smaku i dekoracji.
o) Pokrój i podawaj szyfonowe ciasto kawowe Dalgona. Cieszyć się!

44. Szyfonowe ciasto bananowe

SKŁADNIKI:
- 1 szklanka białek jaj
- ½ łyżeczki Kremu Tatarskiego
- 2 ¼ szklanki mąki tortowej
- 1 łyżka proszku do pieczenia
- 1 ¼ szklanki cukru
- 5 żółtek jaj
- 1 szklanka banana; Tłuczony
- ½ szklanki oleju
- 3 łyżki Bourbona
- 1 łyżeczka wanilii
- 2 łyżki Bourbona
- 1 łyżka mleka
- 1 ½ szklanki cukru pudru; Przesiane
- Truskawki (do dekoracji)
- Pokrojony banan (do dekoracji)

INSTRUKCJE:
a) Rozgrzej piekarnik do 325°F. Przygotuj patelnię na rurki o średnicy 10 cali z wyjmowanym dnem; nie smaruj.
b) Do białek dodać krem winny i ubijać mikserem elektrycznym, aż powstanie sztywna piana. Uważaj, aby nie przesadzić.
c) W drugiej misce wymieszaj mąkę, cukier i proszek do pieczenia, aż dobrze się wymieszają. Zrób wgłębienie na środku i dodaj żółtka, rozgniecione banany, olej, wodę z burbonem (⅓ szklanki) i wanilię.
d) Ubij składniki w zagłębieniu za pomocą miksera elektrycznego, stopniowo dodając suche składniki od krawędzi, aż do uzyskania gładkiego ciasta .
e) Wylej ⅓ ciasta na białka i szybko, ale delikatnie mieszaj, aż ciasto i białka się połączą. Powtórz ten proces dwukrotnie z pozostałym ciastem.
f) Wlać połączone ciasto do przygotowanej formy z rurkami. Piec 55 minut bez otwierania drzwiczek piekarnika, aby ciasto nie spadło. Zwiększ temperaturę piekarnika do 150°F i piecz przez dodatkowe 10-15 minut lub do momentu, aż wykałaczka wbita w środek będzie czysta.

g) Powiesić ciasto do góry nogami, aby całkowicie ostygło. Po ostudzeniu wyjąć ciasto z formy.

GLAZURA:

h) Podgrzej bourbon z mlekiem i zagotuj. Mieszaj cukier puder, aż się rozpuści.
i) Natychmiast posmaruj glazurą wierzch i boki ciasta.
j) Przed udekorowaniem ciasto należy pozostawić do ostygnięcia, aż polewa stwardnieje.
k) Udekoruj pokrojonymi w plasterki bananami i truskawkami.
l) Przed podaniem pokrój ciasto długim, ząbkowanym nożem.

45. Szyfonowe ciasto miodowe

SKŁADNIKI:

- 4 jajka
- 1 szklanka cukru
- 1 szklanka oleju
- 1 ½ szklanki miodu
- 3 szklanki mąki
- 3 łyżeczki proszku do pieczenia
- ½ łyżeczki sody oczyszczonej
- 1 łyżeczka cynamonu
- 1 filiżanka zimnej kawy

INSTRUKCJE:

a) Rozgrzej piekarnik do 350 stopni.
b) W dużej misce dobrze ubij jajka. Dodać cukier i ubijać na wysokich obrotach, aż masa będzie jasna i kremowa.
c) Do masy jajecznej dodać olej i miód, ubijać na średnich obrotach, aż składniki dobrze się połączą.
d) W osobnej misce połącz suche składniki: mąkę, proszek do pieczenia, sodę oczyszczoną i cynamon.
e) Do masy jajecznej dodawaj suche składniki na zmianę z zimną kawą.
f) Wlać ciasto do nienatłuszczonej formy na rurki o średnicy 10 cali.
g) Piec w temperaturze 350 stopni przez 15 minut, następnie zmniejszyć temperaturę do 325 stopni i piec przez dodatkową godzinę lub do momentu, aż wykałaczka wbita w środek będzie czysta.
h) Gdy ciasto będzie gotowe, odwróć je i poczekaj, aż całkowicie ostygnie, zanim wyjmiesz je z formy.
i) Ciesz się pysznym szyfonowym ciastem miodowym!

46. Szyfonowe Ciasto Tahini Z Miodem i Rabarbarem

SKŁADNIKI:
PALONY MIÓD
- ½ szklanki miodu
- ½ łyżeczki soli koszernej
- ⅓ szklanki schłodzonej, ciężkiej śmietany

GOTOWANY RABARBAR
- 3 zielone strąki kardamonu, rozłupane (opcjonalnie)
- 1 szklanka (200 g) organicznego cukru trzcinowego lub cukru granulowanego
- 3 łodygi różowego rabarbaru, przycięte, usunięte liście, pokrojone na kawałki

CIASTO I MONTAŻ
- Nieprzywierający spray z olejem roślinnym lub olejem roślinnym
- ½ szklanki (65 g) nasion sezamu
- ½ szklanki plus 1 łyżeczka (72 g) mąki tortowej
- 1 łyżeczka proszku do pieczenia
- ½ łyżeczki soli koszernej
- 2 duże żółtka, temperatura pokojowa
- 2 łyżki plus ¾ łyżeczki (35 g) tahini
- 8 łyżek (100 g) organicznego cukru trzcinowego lub cukru granulowanego, podzielone
- 3 duże białka jaj, temperatura pokojowa
- ⅛ łyżeczki kremu z kamienia nazębnego lub odrobina octu lub świeżego soku z cytryny
- ⅔ szklanki schłodzonej, ciężkiej śmietany

INSTRUKCJE:
PALONY MIÓD
a) Zagotuj miód w średnim rondlu (nieco większym, niż myślisz, że będziesz potrzebować, ponieważ miód będzie bulgotał) na średnim ogniu i gotuj, aż uzyskasz złoty kolor i zapach tostowy, około 2 minuty.
b) Zdjąć z ognia i wymieszać z solą. Ostrożnie wlej śmietanę (pomoże to zatrzymać gotowanie). Miód będzie bulgotał i pryskał, więc należy zachować ostrożność.

c) Mieszaj drewnianą łyżką lub gumową szpatułką, aż masa stanie się jednorodna. Pozwól spalonej mieszance miodu ostygnąć, a następnie przenieś ją do hermetycznego pojemnika.
d) Przykryj i schładzaj, aż będzie zimne, co najmniej 3 godziny. Zrób wcześniej: Mieszankę spalonego miodu można przygotować 3 dni wcześniej. Zachowaj spokój.

GOTOWANY RABARBAR

e) Zagotuj kardamon (jeśli używasz), cukier i ¾ szklanki wody w średnim rondlu na średnim ogniu, mieszając, aby rozpuścić cukier.
f) Jeśli używasz kardamonu, zdejmij z ognia, przykryj i odstaw na 15 minut, aby zaparzył. Postaw syrop z powrotem na średnim ogniu i ponownie zagotuj.
g) Dodaj rabarbar i gotuj, aż mieszanina znów zacznie wrzeć; zdjąć z ognia. Przykryj i odstaw, aż kawałki rabarbaru zmiękną, ale nadal zachowają swój kształt, 70–80 minut. Zrób to wcześniej: Rabarbar można ugotować 1 dzień wcześniej. Przenieść do hermetycznego pojemnika; przykryć i ostudzić.

CIASTO I MONTAŻ

h) Rozgrzej piekarnik do 350°F. Lekko posmaruj formę do ciasta sprayem zapobiegającym przywieraniu lub lekko olejem. Dno wyłóż pergaminem i spryskaj olejem lub olejem. Na patelnię wsyp nasiona sezamu, delikatnie potrząśnij i przechyl patelnię, aby pokryć dno i boki, a nadmiar wyklep. Do średniej miski przesiej mąkę tortową, proszek do pieczenia i sól.
i) W małej misce ubij żółtka, tahini, 6 łyżek stołowych (75 g) cukru i 3 łyżki wody o temperaturze pokojowej, aby połączyć. Dodaj suche składniki i dobrze wymieszaj; odłóż ciasto na bok.
j) Ubij białka jaj i krem z kamienia nazębnego w misie miksera wyposażonego w końcówkę do ubijania na średniej prędkości, aż pojawią się piankowe bąbelki, około 15 sekund. Gdy silnik pracuje, wsyp pozostałe 2 łyżki (25 g) cukru po łyżeczce na raz, ubijaj 15–20 sekund po każdym dodaniu, aby włączyć przed dodaniem kolejnych. (Poświęć trochę czasu na zbudowanie mocnej bezy, a Twoje ciasto będzie Ci za to wdzięczne.) Ubijaj, aż beza będzie błyszcząca i sztywna.

k) Za pomocą gumowej szpatułki dodaj jedną trzecią bezy do zarezerwowanego ciasta i składaj, aż pojawią się smugi, uważając, aby nie opróżnić bezy. Powtórz tę czynność jeszcze dwa razy, dzieląc pozostałą bezę na pół i mieszając ostatni dodatek, aż nie pozostaną smugi. Natychmiast zeskrob ciasto na przygotowaną patelnię i lekko uderz nią o blat, aby równomiernie rozprowadzić i wyrównać wielkość bąbelków.
l) Piec ciasto, aż próbnik włożony w środek wyjdzie czysty, a wierzch będzie wyrośnięty i odbije się po delikatnym naciśnięciu, 30–35 minut . Natychmiast przełóż ciasto na drucianą kratkę, zdejmij pergamin i obróć go prawą stroną do góry.
m) Pozostawić do ostygnięcia (po ostygnięciu wierzch spłaszczy się). Odwróć ciasto na tort lub inny duży talerz, tak aby skórka sezamowa była na wierzchu.
n) Ubij schłodzoną mieszaninę spalonego miodu i śmietanę w czystej misce miksera stojącego wyposażonego w końcówkę do ubijania (średnia miska i trzepaczka również się sprawdzą), aż utworzą się średnio twarde szczyty. (Chcesz mieć idealną konsystencję lalki, która zachowuje swój kształt na talerzu, ale nadal ma pewien luz.)
o) Przed podaniem pokrój ciasto na sześć klinów za pomocą ząbkowanego noża, wykonując długi, delikatny ruch piły. Pomoże to zachować okruchy ciasta i zapewni czysty klin. Podzielić, przekrojoną stroną do dołu, pomiędzy talerze i dodać obok siebie kilka czubatych łyżek kremu z palonego miodu.
p) Za pomocą widelca wyjmij z syropu 3–4 kawałki rabarbaru i ułóż je obok ciasta.
q) W razie potrzeby polej ciasto odrobiną syropu rabarbarowego.

47. Tort szyfonowy z kawałkami czekolady

SKŁADNIKI:

- 2 ¼ szklanki mąki
- 1 łyżka proszku do pieczenia
- 1 łyżeczka soli
- 1 ¾ szklanki cukru
- ½ szklanki oleju roślinnego
- ¾ szklanki wody
- 5 Żółtka
- 2 łyżeczki ekstraktu waniliowego
- 7 Białka jaj
- ½ łyżeczki Kremu z kamienia nazębnego
- 1 uncja (3 kwadraty) niesłodzonej czekolady, startej
- 1 uncja (3 kwadraty) niesłodzonej czekolady
- 3 łyżki tłuszczu
- 2 szklanki cukru pudru, przesianego
- ¼ szklanki (+1 łyżka stołowa) mleka
- 1 łyżeczka ekstraktu waniliowego

INSTRUKCJE:

a) Przesiać mąkę, proszek do pieczenia, sól i cukier. Zrób dołek na środku suchych składników.
b) Dodać olej, wodę, żółtka i wanilię. Ubijaj na średnich obrotach mikserem elektrycznym przez 2 minuty.
c) W osobnej misce ubijaj białka i krem kamienniczy na wysokich obrotach, aż powstanie sztywna piana.
d) Wlać mieszaninę żółtek cienkim, równomiernym strumieniem na całą powierzchnię białek. Delikatnie wmieszać białka do masy żółtkowej.
e) Dodać startą czekoladę. Wlać ciasto do nienatłuszczonej formy o średnicy 10 cali, równomiernie rozprowadzając szpatułką.
f) Piec w temperaturze 325°F przez 55 minut. Zwiększ temperaturę do 150°F i piecz dodatkowe 10 minut lub do momentu, aż ciasto odskoczy po lekkim dotknięciu.
g) Wyjmij z piekarnika; Odwróć patelnię i pozostaw ciasto do ostygnięcia na 40 minut.

h) Za pomocą wąskiej metalowej szpatułki oddziel ciasto od ścianek patelni, a następnie wyjmij je z patelni.

LUKIER:

i) Połącz czekoladę i tłuszcz na górze podwójnego bojlera. Zagotuj wodę; zmniejsz ogień do małego i gotuj, aż czekolada się rozpuści, od czasu do czasu mieszając.
j) Dodaj cukier i mieszaj, aż masa będzie gładka.
k) Dodać mleko i pozostałe składniki; mieszaj, aż lukier nabierze płynnej konsystencji.
l) Kremem posmaruj wierzch i boki ciasta.
m) Ciesz się dekadenckim szyfonowym ciastem z kawałkami czekolady!

48. Szyfonowe ciasto cytrynowo-makowe

SKŁADNIKI:
- 2 ¼ szklanki nieprzesianej mąki tortowej
- 1 ¼ szklanki cukru
- 3 łyżki maku
- 1 łyżka proszku do pieczenia
- 1 łyżka drobno startej skórki z cytryny
- ¼ łyżeczki soli
- 8 dużych białek jaj w temperaturze pokojowej
- ½ łyżeczki Kremu z kamienia nazębnego
- 4 duże żółtka
- ½ szklanki rzepaku lub innego oleju roślinnego
- ½ szklanki wody
- ¼ szklanki soku z cytryny
- 1 łyżeczka ekstraktu z cytryny

INSTRUKCJE:

a) W średniej misce wymieszaj mąkę, 1 szklankę cukru, mak, proszek do pieczenia, skórkę z cytryny i sól. Odłożyć na bok.
b) Rozgrzej piekarnik do 325°F. W dużej misce, za pomocą miksera elektrycznego ustawionego na dużą prędkość, ubijaj białka jaj i krem z kamienia nazębnego, aż utworzą się miękkie szczyty. Stopniowo ubijaj pozostałą ¼ szklanki cukru, aż utworzy się sztywna piana. Odłóż ubite białka na bok.
c) Zrób wgłębienie na środku mieszanki mąki. Dodać żółtka, olej, wodę, sok z cytryny i ekstrakt z cytryny; ubijaj mikserem na średnich obrotach, aż ciasto będzie gładkie. Bardzo delikatnie wymieszaj ciasto cytrynowe z ubitymi białkami, aż uzyskasz jednolitą masę.
d) Rozłóż ciasto na nienatłuszczonej formie rurowej o średnicy 10 cali z wyjmowanym dnem.
e) Piec przez 65 do 70 minut lub do momentu, aż tester ciasta umieszczony w pobliżu środka ciasta wyjdzie czysty.
f) Odwróć patelnię nad lejkiem lub butelką i całkowicie ostudź. Aby zdjąć ciasto z patelni, użyj małej metalowej szpatułki i ostrożnie poluzuj ciasto wokół patelni. Zdejmij bok patelni. Poluzuj środek i spód i zdejmij spód formy z ciasta.
g) Połóż ciasto prawą stroną do góry na talerzu ; pokroić i podawać.
h) Ciesz się pysznym szyfonowym ciastem cytrynowo-makowym!

49.Tort szyfonowy Earl Grey

SKŁADNIKI:

- 6 dużych jaj, oddzielonych
- 1/2 szklanki granulowanego cukru
- 1/4 szklanki oleju roślinnego
- 1/4 szklanki mleka
- 1 łyżeczka ekstraktu waniliowego
- 1/4 szklanki mocno zaparzonej herbaty Earl Grey, ostudzonej
- 1 1/4 szklanki mąki tortowej
- 1 łyżka liści herbaty Earl Grey (opcjonalnie)
- 1 łyżeczka proszku do pieczenia
- 1/4 łyżeczki soli

INSTRUKCJE:

a) Rozgrzej piekarnik do 160°C (325°F). Formę do ciasta szyfonowego natłuszczamy i oprószamy mąką.
b) W dużej misce ubić żółtka z cukrem, aż masa będzie jasna i kremowa. Dodać olej roślinny, mleko, ekstrakt waniliowy i zaparzoną herbatę Earl Grey. Dobrze wymieszaj.
c) Przesiej mąkę tortową, opcjonalne liście herbaty, proszek do pieczenia i sól. Stopniowo dodawaj suche składniki do masy z żółtek, mieszaj, aż masa będzie gładka.
d) W osobnej, czystej misce ubić białka na pianę. Stopniowo dodawaj cukier i kontynuuj ubijanie, aż powstanie sztywna piana.
e) Delikatnie wmieszać ubite białka do ciasta, aż do całkowitego połączenia.
f) Ciasto wlać do przygotowanej tortownicy szyfonowej i wygładzić wierzch.
g) Piec w nagrzanym piekarniku przez 40-45 minut lub do momentu, aż wykałaczka wbita w środek będzie czysta.
h) Po upieczeniu wyjąć z piekarnika i natychmiast odwrócić formę na kratkę, aby całkowicie ostygła.
i) Po ostygnięciu ostrożnie wyjmij ciasto z formy i podawaj kromki posypane cukrem pudrem lub kleksem bitej śmietany.

50.Szyfonowe ciasto lawendowe

SKŁADNIKI:
GĄBKA SZYFONOWA LAWENDOWA
- 7 jajek (temperatura pokojowa)
- 300 g cukru
- 100 ml oleju słonecznikowego
- 300 g mąki uniwersalnej
- 4 łyżeczki proszku do pieczenia
- 160 ml pełnego mleka
- 1 łyżeczka ekstraktu z lawendy

KREM MASŁA NA BEZIE SZWAJCARSKIEJ
- 270 g cukru
- 65 ml wody
- 5 białek
- 340 g masła (temperatura pokojowa)
- Kilka kropli ekstraktu z lawendy
- Barwnik spożywczy (fioletowy + różowy)

INSTRUKCJE:
ZRÓB LAWENDOWE CIASTO SZYFONOWE
a) Rozgrzej piekarnik do 175°C (375°F).
b) Foremki do ciasta wysmaruj masłem i mąką, a spód wyłóż papierem do pieczenia.
c) Ubij 6 żółtek, cukier i ekstrakt lawendowy za pomocą miksera elektrycznego, aż masa będzie jasna i puszysta.
d) Mieszając, powoli dodawaj olej słonecznikowy.
e) W osobnej misce ubić mikserem elektrycznym 7 białek na puszystą masę.
f) Dodawaj do masy na zmianę mleko i mąkę i mieszaj aż składniki się połączą.
g) Następnie delikatnie wmieszaj białka do ciasta.
h) Rozłóż ciasto równomiernie pomiędzy trzema foremkami.
i) Piec ciasto przez 25 do 30 minut.
j) PSA: Każdy piekarnik jest wyjątkowy, dlatego może się zdarzyć, że Twój piekarnik będzie wymagał krótszego lub dłuższego czasu pieczenia.

k) Wbij wykałaczkę w jedno ciasto po 20 minutach, aby ocenić, jak długo ciasto będzie jeszcze przebywać w piekarniku.
l) Wyjmij foremki z piekarnika.
m) Każde ciasto wraz z foremką obróć do góry nogami na blachę wyłożoną papierem do pieczenia. Zapobiegnie to zapadaniu się gąbki.
n) Pozostawiamy do ostygnięcia na 20 minut, następnie wyjmujemy z foremek. Odstawić do ostygnięcia na metalowej kratce.

LAWENDOWY KREM MASŁA NA BEZIE SZWAJCARSKIEJ

o) Do rondelka włóż cukier i wodę i zagotuj.
p) Do miski miksera wyposażonego w końcówkę do ubijania dodaj 5 białek.
q) Gdy cukier osiągnie temperaturę 116°C (240°F), zacznij ubijać białka na sztywną pianę.
r) Gdy cukier osiągnie temperaturę 121°C (250°F), zdejmij go z kuchenki i powoli wlewaj do ubitych białek, cały czas ubijając na niskich obrotach.
s) Po dodaniu całego syropu zwiększ prędkość na dużą i ubijaj, aż mieszanina ostygnie i stanie się letnia, a beza będzie sztywna i puszysta.
t) Masło pokroić na małe kawałki i stopniowo dodawać, cały czas ubijając. Tekstura będzie błyszcząca i gładka.
u) Dodaj ekstrakt z lawendy.
v) Jeśli beza wygląda na rzadką lub popękaną, pozostaw ją w zamrażarce na kilka minut i ponownie wymieszaj.

MONTAŻ CIASTA

w) Za pomocą poziomicy do ciasta usuń górę każdego ciasta. Usuń spód ciasta, który będzie środkową warstwą. Wszystkie 3 warstwy należy przyciąć na tę samą wysokość.
x) Na obrotową blachę do ciasta połóż deskę do ciasta i dodaj odrobinę bezy.
y) Na stolnicę wyłóż dolną warstwę ciasta. Strona z okruchami powinna być skierowana w dół.
z) W razie potrzeby posmaruj biszkopt syropem cukrowym.
aa) Za pomocą szpatułki rozsmaruj warstwę kremu maślanego.
bb) Dodaj drugą warstwę i powtórz powyższy krok.

cc) Na wierzch połóż trzecią i ostatnią warstwę.
dd) Nałóż cienką warstwę kremu maślanego na całe ciasto, górę i boki, tak aby okruchy się pokryły.
ee) Wstawić do lodówki na 25 minut.
ff) Odłóż 1/3 pozostałego kremu maślanego na bezie szwajcarskiej i dodaj barwnik spożywczy, aby uzyskać liliowy kolor.
gg) Do rękawa cukierniczego włóż biały i liliowy krem maślany.
hh) Wyciśnij bezę liliową z boku ciasta od dołu do mniej więcej połowy wysokości ciasta, następnie wyłóż białą bezę z boku i na górę ciasta.
ii) Za pomocą skrobaka wyrównaj krem do ładnej, równej warstwy i dodaj trochę, aby załatać dziury. Powinieneś uzyskać ładny gradient od fioletu do bieli.
jj) Schładzamy 20 minut w lodówce.

Trzymaj każdy kolor kremu maślanego w osobnej szprycy i wsuń do większego rękawa cukierniczego wyposażonego w końcówkę w kształcie gwiazdki.

Posyp kwiaty po całym torcie. Wierzch pokryłam kwiatami, a następnie sporadycznie obsypałam kwiatami po bokach.

Zrelaksuj się przez kilka minut i ciesz się!

51. Szyfonowe ciasto kokosowe

SKŁADNIKI:
- 6 dużych jaj, oddzielonych
- 1 szklanka granulowanego cukru
- 1/4 szklanki oleju roślinnego
- 1/2 szklanki mleka kokosowego
- 1 łyżeczka ekstraktu waniliowego
- 1 1/4 szklanki mąki tortowej
- 1 łyżeczka proszku do pieczenia
- 1/4 łyżeczki soli
- 1 szklanka wiórków kokosowych (słodzonych lub niesłodzonych)

INSTRUKCJE:
a) Rozgrzej piekarnik do 160°C (325°F). Formę do ciasta szyfonowego natłuszczamy i oprószamy mąką.
b) W dużej misce ubić żółtka z cukrem, aż masa będzie jasna i kremowa. Dodaj olej roślinny, mleko kokosowe i ekstrakt waniliowy. Dobrze wymieszaj.
c) Przesiać mąkę tortową, proszek do pieczenia i sól. Stopniowo dodawaj suche składniki do masy z żółtek, mieszaj, aż masa będzie gładka.
d) Mieszaj z wiórkami kokosowymi, aż zostaną równomiernie rozłożone.
e) W osobnej, czystej misce ubić białka na pianę. Stopniowo dodawaj cukier i kontynuuj ubijanie, aż powstanie sztywna piana.
f) Delikatnie wmieszać ubite białka do ciasta, aż do całkowitego połączenia.
g) Ciasto wlać do przygotowanej tortownicy szyfonowej i wygładzić wierzch.
h) Piec w nagrzanym piekarniku przez 40-45 minut lub do momentu, aż wykałaczka wbita w środek będzie czysta.
i) Po upieczeniu wyjąć z piekarnika i natychmiast odwrócić formę na kratkę, aby całkowicie ostygła.
j) Po ostygnięciu ostrożnie wyjmij ciasto z formy i podawaj kawałki udekorowane prażonymi płatkami kokosowymi lub polewą kokosową.

52.Szyfonowe ciasto pistacjowe

SKŁADNIKI:
- 6 dużych jaj, oddzielonych
- 1 szklanka granulowanego cukru, podzielona
- 1/4 szklanki oleju roślinnego
- 1/4 szklanki mleka
- 1 łyżeczka ekstraktu waniliowego
- 1 szklanka drobno zmielonych pistacji
- 1 szklanka mąki tortowej
- 1 łyżeczka proszku do pieczenia
- 1/4 łyżeczki soli
- Zielony barwnik spożywczy (opcjonalnie)

INSTRUKCJE:
a) Rozgrzej piekarnik do 160°C (325°F). Formę do ciasta szyfonowego natłuszczamy i oprószamy mąką.
b) W dużej misce ubić żółtka z 1/2 szklanki cukru, aż masa będzie jasna i kremowa. Dodaj olej roślinny, mleko i ekstrakt waniliowy. Dobrze wymieszaj.
c) Wymieszać z drobno zmielonymi pistacjami.
d) Przesiać mąkę tortową, proszek do pieczenia i sól. Stopniowo dodawaj suche składniki do masy z żółtek, mieszaj, aż masa będzie gładka. W razie potrzeby dodaj zielony barwnik spożywczy, aby uzyskać żywy kolor.
e) W osobnej, czystej misce ubić białka na pianę. Stopniowo dodawaj pozostałe 1/2 szklanki cukru i kontynuuj ubijanie, aż masa będzie sztywna.
f) Delikatnie wmieszać ubite białka do ciasta, aż do całkowitego połączenia.
g) Ciasto wlać do przygotowanej tortownicy szyfonowej i wygładzić wierzch.
h) Piec w nagrzanym piekarniku przez 40-45 minut lub do momentu, aż wykałaczka wbita w środek będzie czysta.
i) Po upieczeniu wyjąć z piekarnika i natychmiast odwrócić formę na kratkę, aby całkowicie ostygła.
j) Po ostygnięciu ostrożnie wyjmij ciasto z formy i podawaj w plasterkach posypanych cukrem pudrem lub udekorowanych posiekanymi pistacjami.

SZYFONOWE MROŻONE PRZYsmaki

53. Wiśniowy szyfonowy puch

SKŁADNIKI:

- 21 uncji nadzienia do ciasta wiśniowego; zwykłe lub lekkie
- 14 uncji Słodzone mleko skondensowane; lub 8 uncji zwykłego jogurtu
- 8 uncji fajnego bata; zwykły lub lekki
- 14 uncji kawałka ananasa; osuszony
- 1 szklanka miniaturowych pianek marshmallow

INSTRUKCJE:

a) W dużej misce połącz nadzienie z ciasta wiśniowego, słodzone mleko skondensowane (lub jogurt naturalny) , Cool Whip, odsączone kawałki ananasa i miniaturowe pianki marshmallow.
b) Delikatnie wymieszaj składniki, aż składniki się dobrze połączą.
c) Wlać mieszaninę do miski do serwowania.
d) Schłodź deser przed podaniem.

54. Szyfonowe ciasto lodowe

SKŁADNIKI:

- 2 opakowania (4 porcje) LUB 1 opakowanie (8 porcji) żelatyny (o smaku czarnej maliny, pomarańczy lub czarnej wiśni)
- 2 szklanki wrzącej wody
- 1 litr lodów waniliowych
- 12 Biedroneczek, rozdzielonych
- Bita polewa, świeże owoce i liście mięty (do dekoracji, według uznania)

INSTRUKCJE:

a) Całkowicie rozpuścić żelatynę we wrzącej wodzie.
b) Do żelatyny dodawać łyżkami lody waniliowe, mieszać aż do całkowitego rozpuszczenia.
c) Schładzaj mieszaninę, aż zgęstnieje, ale nadal można ją nabierać łyżką (nie całkowicie stwardniała).
d) W międzyczasie odetnij około 1 cala od biszkoptów i umieść odcięte końce wokół boku 8-calowej tortownicy. Upewnij się, że zaokrąglone boki biszkoptów są skierowane na zewnątrz patelni.
e) Wlać zagęszczoną mieszaninę żelatyny na patelnię.
f) Schłodź deser, aż będzie twardy, około 3 godzin.
g) Zdejmij bok tortownicy.
h) Udekoruj bitą polewą, świeżymi owocami i listkami mięty, jeśli chcesz.

55. Limonkowe lody szyfonowe

SKŁADNIKI:
- ½ szklanki świeżo wyciśniętego i przecedzonego soku z limonki (z około 4 limonek)
- 1 szklanka cukru
- 16 uncji kwaśnej śmietany
- 1-2 krople opcjonalnie barwnika spożywczego

OPCJONALNE DEKORACJE:
- Skórka z limonki

INSTRUKCJE:
a) Rozpocznij od wymieszania soku z limonki i cukru, aż cukier całkowicie się rozpuści.
b) Do mieszanki limonki i cukru dodaj kwaśną śmietanę i opcjonalnie barwnik spożywczy. Ubijaj lub mieszaj dokładnie, aż uzyskasz gładką i dobrze połączoną mieszaninę. Alternatywnie, dla większej wygody można to zrobić za pomocą robota kuchennego.
c) Postępuj zgodnie z instrukcjami producenta lodów dotyczącymi przetwarzania mieszanki. Po przetworzeniu miękkie lody przełóż do foremki, przykryj i pozostaw do zamrożenia, aż osiągną zwartą konsystencję.
d) Przed podaniem udekoruj lody limonkowo-szyfonowe opcjonalną skórką z limonki, aby uzyskać dodatkową porcję smaku.

56.Limonkowy szyfon Semifreddo

SKŁADNIKI:
- 4 duże białka jaj
- 1 szklanka cukru pudru, przesianego
- 1 ½ szklanki śmietanki do ubijania
- ½ szklanki kwaśnej śmietany
- 2 łyżki świeżego soku z limonki
- 2 łyżeczki drobno startej skórki z limonki

INSTRUKCJE:
a) Wyłóż osiem 5-uncjowych kokilek całkowicie folią, upewniając się, że folia zwisa po bokach. Połóż ramekiny na tacy i zamroź.
b) Białka ubić na pianę. Dodaj ¼ szklanki cukru pudru i kontynuuj ubijanie, aż białka będą sztywne.
c) W drugiej misce ubić śmietanę na puszystą masę. Zmniejsz prędkość i dodaj pozostałe ¾ szklanki cukru pudru, śmietanę, sok z limonki i skórkę z limonki.
d) Do ubitych białek dodać dużą łyżkę kremowej masy i delikatnie wymieszać. Białka dodać do śmietany w dwóch porcjach.
e) Wlać mieszaninę do przygotowanych kokilek, przykryć i zamrażać przez co najmniej cztery godziny.
f) Przed podaniem wyłóż semifreddo na talerz i zdejmij folię.

57. Cytrynowy szyfonowy sorbet

SKŁADNIKI:

- 1 szklanka świeżego soku z cytryny
- 1 łyżka skórki cytrynowej
- 1 szklanka granulowanego cukru
- 1/2 szklanki wody
- 1 szklanka gęstej śmietanki
- 3 duże białka jaj
- Szczypta soli

INSTRUKCJE:

a) W rondelku wymieszaj cukier, wodę, sok z cytryny i skórkę z cytryny. Podgrzewać na średnim ogniu, mieszając, aż cukier całkowicie się rozpuści. Zdjąć z ognia i pozostawić do ostygnięcia.
b) W misce miksującej ubijaj gęstą śmietanę, aż powstanie sztywna piana. Odłożyć na bok.
c) W innej czystej misce ubijaj białka ze szczyptą soli, aż powstanie sztywna piana.
d) Delikatnie wymieszaj ubitą śmietanę z mieszanką cytrynową, aż składniki dobrze się połączą.
e) Następnie dodaj ubite białka, aż nie pozostaną smugi.
f) Wlać mieszaninę do pojemnika przeznaczonego do zamrażania, przykryć i zamrażać przez co najmniej 6 godzin lub do momentu, aż masa będzie twarda.
g) Podawaj cytrynowy sorbet szyfonowy, przełożony do miseczek lub rożków, udekorowany świeżymi plasterkami cytryny lub listkami mięty, jeśli chcesz.

58. Mrożony jogurt malinowy z szyfonu

SKŁADNIKI:
- 2 szklanki świeżych lub mrożonych malin
- 1/2 szklanki granulowanego cukru
- 2 szklanki jogurtu greckiego
- 1 szklanka gęstej śmietanki
- 3 duże białka jaj
- Szczypta soli

INSTRUKCJE:
a) W blenderze lub robocie kuchennym zmiksuj maliny na gładką masę. Przecedź puree przez sito o drobnych oczkach, aby usunąć nasiona.
b) W misce miksującej wymieszaj puree malinowe z cukrem, aż cukier się rozpuści.
c) W drugiej misce ubijaj gęstą śmietanę, aż powstanie sztywna piana. Odłożyć na bok.
d) W czystej misce ubić białka ze szczyptą soli na sztywną pianę.
e) Delikatnie wymieszaj jogurt grecki z malinową masą, aż składniki dobrze się połączą.
f) Następnie dodaj ubitą śmietanę, tak aby nie pozostały smugi.
g) Na koniec dodaj ubite białka, aż zostaną równomiernie rozłożone.
h) Wlać mieszaninę do pojemnika przeznaczonego do zamrażania, przykryć i zamrażać przez co najmniej 6 godzin lub do momentu, aż masa będzie twarda.
i) Podawaj mrożony jogurt malinowo-szyfonowy przełożony do miseczek lub rożków, udekorowany świeżymi malinami lub, według uznania, skropioną sosem malinowym.

59. Szyfonowe lody na patyku z mango

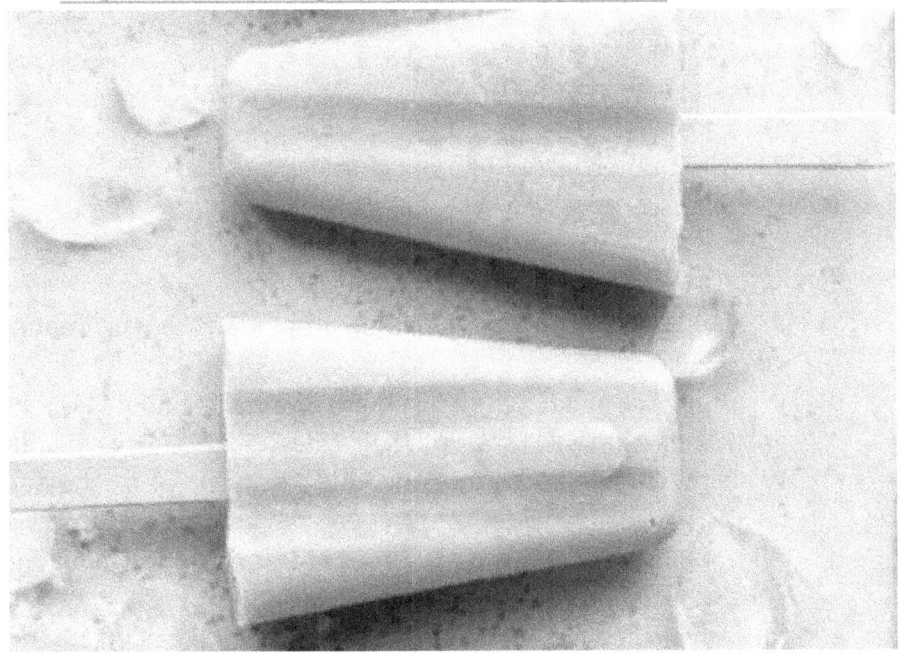

SKŁADNIKI:

- 2 szklanki kawałków dojrzałego mango
- 1/2 szklanki granulowanego cukru
- 1 szklanka gęstej śmietanki
- 1/2 szklanki jogurtu greckiego
- 2 łyżki świeżego soku z limonki
- Szczypta soli

INSTRUKCJE:

a) W blenderze lub robocie kuchennym zmiksuj kawałki mango na gładką masę.
b) W misce wymieszaj puree z mango, cukier, śmietankę, jogurt grecki, sok z limonki i szczyptę soli. Mieszaj, aż dobrze się połączą.
c) Wlać mieszaninę do foremek na lody, zostawiając trochę miejsca na górze do ekspansji.
d) Włóż patyczki do lodów do foremek i zamrażaj przez co najmniej 4 godziny lub do całkowitego stwardnienia.
e) Aby wyjąć lody z formy, na krótko polej je ciepłą wodą po zewnętrznej stronie foremek, aby je poluzować.
f) Podawaj od razu szyfonowe lody z mango i ciesz się orzeźwiającym tropikalnym smakiem!

60. Szyfonowe ciasto lodowe z truskawkami

SKŁADNIKI:
- 1 gotowy spód krakersów graham (lub domowej roboty, jeśli wolisz)
- 2 szklanki świeżych truskawek, obranych i pokrojonych w plasterki
- 1/4 szklanki granulowanego cukru
- 1 łyżka soku z cytryny
- 1 szklanka gęstej śmietanki
- 1/2 szklanki cukru pudru
- 1 łyżeczka ekstraktu waniliowego

INSTRUKCJE:
a) W misce wymieszaj pokrojone truskawki, cukier granulowany i sok z cytryny. Pozostawiamy je na około 10 minut, aby puściły sok.
b) W osobnej misce ubić śmietankę z cukrem pudrem i ekstraktem waniliowym na sztywną pianę.
c) Delikatnie wymieszaj masę truskawkową z ubitą śmietaną, aż równomiernie się rozprowadzi.
d) Wlać mieszaninę do przygotowanego spodu z krakersów graham, równomiernie rozprowadzając.
e) Przykryj ciasto folią i zamrażaj przez co najmniej 4 godziny lub do momentu, aż ciasto będzie twarde.
f) Przed podaniem odstaw ciasto na kilka minut w temperaturze pokojowej, aby lekko zmiękło.
g) Pokrój i podawaj schłodzone truskawkowe szyfonowe ciasto lodowe, udekorowane dodatkowymi plasterkami truskawek, jeśli chcesz.

61. Mrożony krem z szyfonu jagodowego

SKŁADNIKI:

- 2 szklanki świeżych lub mrożonych jagód
- 1/2 szklanki granulowanego cukru
- 1 szklanka gęstej śmietanki
- 1 szklanka pełnego mleka
- 4 duże żółtka
- 1 łyżeczka ekstraktu waniliowego
- Szczypta soli

INSTRUKCJE:

a) W rondelku wymieszaj jagody i cukier. Gotuj na średnim ogniu, aż jagody się rozpadną i puszczą sok, około 5-7 minut. Zdjąć z ognia i pozostawić do lekkiego ostygnięcia.
b) W osobnym rondlu podgrzej śmietankę i mleko, aż zacznie parować, ale nie wrzeć.
c) W misce miksującej ubić żółtka na gładką masę. Powoli wlewaj gorącą śmietanową mieszaninę do żółtek, cały czas mieszając, aby jajka się zahartowały.
d) Włóż mieszaninę do rondla i gotuj na małym ogniu, ciągle mieszając, aż krem zgęstnieje na tyle, aby pokryć grzbiet łyżki.
e) Zdjąć z ognia i przecedzić budyń przez sito o drobnych oczkach do czystej miski. Wymieszaj ekstrakt waniliowy i szczyptę soli.
f) Pozwól kremowi lekko ostygnąć, a następnie dodaj ugotowaną mieszankę jagodową, aż równomiernie się rozprowadzi.
g) Wlać mieszaninę do maszyny do lodów i ubijać zgodnie z instrukcjami producenta, aż masa będzie gęsta i kremowa.
h) Przenieś zamrożony krem do pojemnika przeznaczonego do zamrażania, przykryj i zamrażaj przez co najmniej 4 godziny lub do momentu, aż stwardnieje.
i) Podawaj mrożony krem jagodowy z szyfonu, przełożony do misek lub rożków i ciesz się kremową, owocową przekąską!

62. Kanapki lodowe z szyfonu kokosowego

SKŁADNIKI:

- 1 porcja kokosowego ciasta szyfonowego (użyj dowolnego przepisu na ciasto szyfonowe, zastępując mleko kokosowe zwykłym mlekiem i dodając wiórki kokosowe)
- 2 szklanki lodów waniliowych, zmiękczonych
- wiórki kokosowe, prażone (opcjonalnie, do dekoracji)

INSTRUKCJE:

a) Przygotuj tort kokosowo-szyfonowy według wybranego przepisu. Pozwól mu całkowicie ostygnąć.
b) Gdy ciasto ostygnie, za pomocą okrągłej foremki do ciastek wycinaj kółka z ciasta.
c) Umieść gałkę miękkich lodów waniliowych na dolnej stronie jednego koła ciasta. Przykryj kolejnym krążkiem ciasta, tworząc kanapkę.
d) W razie potrzeby obtocz brzegi kanapki z lodami w prażonych wiórkach kokosowych.
e) Powtórz tę czynność z pozostałymi krążkami ciasta i lodami.
f) Złożone kanapki z lodami ułóż na blasze do pieczenia wyłożonej papierem pergaminowym i zamrażaj przez co najmniej 2 godziny lub do momentu, aż będą twarde.
g) Podawaj schłodzone kanapki z lodami kokosowo-szyfonowymi i ciesz się zachwycającym połączeniem puszystego ciasta i kremowych lodów!

63. Brzoskwiniowe szyfonowe lody na patyku

SKŁADNIKI:
- 2 szklanki dojrzałych brzoskwiń, obranych i pokrojonych w kostkę
- 1/4 szklanki granulowanego cukru
- 1 szklanka jogurtu greckiego
- 1/2 szklanki gęstej śmietanki
- 1 łyżka soku z cytryny

INSTRUKCJE:
a) W blenderze lub robocie kuchennym zmiksuj pokrojone w kostkę brzoskwinie na gładką masę.
b) W misce wymieszaj puree brzoskwiniowe, cukier, jogurt grecki, gęstą śmietanę i sok z cytryny. Mieszaj, aż dobrze się połączą.
c) Wlać mieszaninę do foremek na lody, zostawiając trochę miejsca na górze do ekspansji.
d) Włóż patyczki do lodów do foremek i zamrażaj przez co najmniej 4 godziny lub do całkowitego stwardnienia.
e) Aby wyjąć lody z formy, na krótko polej je ciepłą wodą po zewnętrznej stronie foremek, aby je poluzować.
f) Podawaj od razu brzoskwiniowe szyfonowe lody i ciesz się orzeźwiającym owocowym smakiem!

TARTY

64. Tarta limonkowa z szyfonu

SKŁADNIKI:
- 1 Mąkę o wszechstronnym przeznaczeniu
- 1 łyżka startej skórki limonki
- ¼ łyżeczki soli
- 5 łyżek niesolonego masła
- 1 ½ łyżki niesmakowanej żelatyny
- 2 łyżki zimnej wody
- ½ szklanki plus 1 łyżka cukru
- ¼ szklanki świeżego soku z limonki
- 2 duże jajka, oddzielnie, temp. pokojowa.
- 2 łyżki startej skórki z limonki
- 3 łyżki cukru
- 1 łyżka wody z lodem
- 1 Żółtko jaja
- 1-litrowy kosz świeżych jagód
- ½ szklanki schłodzonej śmietanki ubitej na szczyt
- Dodatkowo świeże jagody
- Julienne ze skórką limonki

INSTRUKCJE:
SKORUPA:
a) W dużej misce wymieszaj mąkę, skórkę z limonki i sól. Dodaj masło i siekaj, aż mieszanina będzie przypominać gruboziarnisty posiłek.
b) W małej filiżance wymieszaj cukier, wodę i żółtko, aż cukier się rozpuści. Dodaj do mąki i mieszaj, aż ciasto zacznie się łączyć.
c) Wyrośnięte ciasto wyłóż na lekko posypaną mąką powierzchnię. Zbierz w kulkę; spłaszczyć na dysk. Zawiń w folię i wstaw do lodówki na co najmniej 1 godzinę. (Można przygotować 1 dzień wcześniej.)
d) Rozgrzej piekarnik do 400°F. Rozwałkuj ciasto na lekko posypanej mąką powierzchni na grubość ⅛ cala. Ciasto przełożyć do tortownicy o średnicy 9 cali z wyjmowanym dnem. Przytnij krawędzie, pozostawiając ¼-calowy zwis. Naciśnij występ ¼ cala nad krawędzią patelni.

e) Wyłóż tartę folią. Wypełnij suszoną fasolą lub ciężarkami do ciasta. Piec przez 10 minut. Usuń suszoną fasolę i folię i piecz, aż skórka będzie złotobrązowa, około 20 minut. Fajny.

POŻYWNY:

f) W małej misce zalej żelatynę zimną wodą. Odstaw na 15 minut, żeby zmiękło.
g) Miskę wkładamy do garnka z gotującą się wodą i mieszamy, aż żelatyna się rozpuści. Usuń z wody.
h) Wymieszaj ½ szklanki cukru, sok z limonki, żółtka i 2 łyżki skórki z limonki na górze podwójnego bojlera nad gotującą się wodą, aż będzie gorąca w dotyku, przez około 3 minuty; nie gotuj.
i) Dodać mieszaninę żelatyny i wymieszać do połączenia. Przełożyć do miski.
j) Umieść miskę nad większą miską wypełnioną lodem i wodą i mieszaj, aż mieszanina zgęstnieje i zacznie gromadzić się na łyżce, około 5 minut.
k) Wyjmij znad wody. Używając miksera elektrycznego, ubijaj białka w średniej misce, aż zacznie osiągać szczyt. Stopniowo dodawaj pozostałą 1 łyżkę cukru i ubijaj na puszystą masę. Złóż białka z mieszaniną limonki.
l) Posyp spód tarty 1 litrem jagód. Natychmiast nałóż nadzienie na jagody, całkowicie je przykrywając. Schładzaj aż do zestalenia, co najmniej 3 i do 8 godzin.
m) Do rękawa cukierniczego zakończonego średnią gwiazdką włóż łyżką bitą śmietanę. Krem wylać dekoracyjnie na brzeg tarty.
n) Udekoruj tartę dodatkowymi jagodami i julienne ze skórką limonki.

65.Szyfonowa tarta bananowa

SKŁADNIKI:
NA PODSTAWĘ:
- 3 uncje masła
- 6 uncji herbatników imbirowych, pokruszonych

DO WYPEŁNIENIA I polewy:
- Tarta skórka i sok z 1 cytryny
- 2 łyżeczki żelatyny
- 3 banany, puree
- 12 uncji bitej śmietany
- 2 uncje cukru rycynowego

INSTRUKCJE:
a) Rozgrzej piekarnik do 190 C/375 F/gaz 5. Rozpuść masło w rondlu na małym ogniu. Zdjąć z ognia i wymieszać z okruszkami ciastek, aż składniki dobrze się połączą.
b) Wciśnij masę ciasteczkową na spód i boki formy do ciasta o średnicy 23 cm (9 cali). Piec przez 8 minut, następnie pozostawić do całkowitego ostygnięcia.
c) W małym rondlu wymieszaj sok z cytryny z 1 łyżką zimnej wody. Posyp żelatyną mieszaninę i poczekaj, aż się wchłonie. Delikatnie podgrzej, aż będzie klarowny, a następnie zdejmij z ognia.
d) Połącz puree bananowe ze skórką cytrynową. Dodać mieszaninę żelatyny i dokładnie wymieszać.
e) Ubij 7 uncji śmietany, aż utworzą się miękkie szczyty. Stopniowo dodawaj cukier rycynowy, aż do całkowitego wchłonięcia.
f) Zmieszać kremową masę z masą bananową i wylać na spód biszkoptowy. Schładzaj przez 30 minut lub do momentu ustawienia.
g) Do dekoracji ubić pozostałą śmietanę na puszystą pianę i posmarować nią tartę.

66. Szyfonowa tarta dyniowa

SKŁADNIKI:
NA TARTĘ SKORUPIKĘ:
- 1 wstępnie upieczona skorupa do tarty o średnicy 9 cali (sprawdź nasz przepis na słodkie ciasto)

NA NADZIENIE DYNIOWE SZYFONOWE:
- 300 gramów puree z dyni (nie używaj nadzienia do ciasta dyniowego) (1 ¼ szklanki)
- 150 gramów jasnobrązowego cukru (¾ szklanki)
- 4 duże żółtka (białka zostaw na później)
- 4 uncje płynnego mleka pełnego (½ szklanki)
- ½ łyżeczki soli
- 1 łyżeczka mielonego cynamonu
- ¼ łyżeczki mielonego imbiru
- ¼ łyżeczki mielonej gałki muszkatołowej
- 1 łyżka sproszkowanej żelatyny
- 3 łyżki zimnej wody (do rozpuszczenia żelatyny)
- 4 duże białka jaj (najlepiej o temperaturze pokojowej)
- 100 gramów cukru granulowanego (½ szklanki)

INSTRUKCJE:
a) Zasyp sproszkowaną żelatynę zimną wodą i odstaw, aby żelatyna stwardniała.
b) W żaroodpornej misce wymieszaj puree z dyni, brązowy cukier, mleko, żółtka, sól, cynamon, imbir i gałkę muszkatołową. Dobrze wymieszaj, aby połączyć.
c) Nastawiamy garnek z wodą i gotujemy parę na małym ogniu. Umieść miskę na garnku z parującą wodą, upewniając się, że dno miski nie dotyka wody, a woda nie gotuje się. Od czasu do czasu mieszaj mieszaninę dyni i podgrzewaj, aż osiągnie 160° F - 180° F.
d) Do miski dodać ostudzoną żelatynę i ubijać aż żelatyna całkowicie się rozpuści . Zdjąć miskę z ognia i odstawić do lekkiego przestygnięcia.
e) Białka włóż do czystej miski i rozpocznij miksowanie za pomocą miksera ręcznego lub miksera stojącego z końcówką do ubijania. Mieszaj na średniej prędkości, aż białka jaj będą się pienić. Powoli

wsypuj granulowany cukier, kontynuując mieszanie, aż białka osiągną średnią wysokość.
f) Delikatnie wmieszać białka do schłodzonej masy dyniowej.
g) Szyfon dyniowy wyłożyć na podpieczoną wcześniej skorupę tarty, wyrównując jej wierzch.
h) Włóż tartę do lodówki do momentu stwardnienia (około 2 godzin).
i) Udekorować według uznania (np. bitą śmietaną, cukrem pudrem itp.). Cieszyć się!

67. Tarta szyfonowa z marakuji

SKŁADNIKI:
CIASTO:
- 1 szklanka/140 g niebielonej mąki
- 3 łyżki cukru
- ¼ łyżeczki drobnej soli morskiej
- 6 łyżek stołowych/85 g zimnego, niesolonego masła, pokrojonego w kostkę o boku 12 mm
- 1 duże żółtko

POŻYWNY:
- ½ szklanki/120 ml rozmrożonego puree z marakui (marakui lub parcha)
- 2 łyżeczki niesmakowanej żelatyny
- 2 duże jajka, oddzielnie, w temperaturze pokojowej
- ⅓ szklanki/65 g cukru
- ½ szklanki/120 ml gęstej śmietanki

SOS:
- ⅔ szklanki rozmrożonego, mrożonego lub świeżego przecieru z marakui
- 3 łyżki cukru lub więcej do smaku
- 1 łyżeczka skrobi kukurydzianej
- 1 łyżka likieru z marakui lub rumu bursztynowego
- 1 przepis na bitą śmietanę

INSTRUKCJE:
a) Rozgrzej piekarnik do 190°C i umieść kratkę na środku.

SKORUPA:
b) W robocie kuchennym zmiel mąkę, cukier i sól lub wymieszaj w misce. Dodaj zimne masło i pulsuj, aż masa będzie przypominała gruboziarnisty posiłek.

c) Dodajemy żółtko i pulsujemy lub mieszamy, aż ciasto się połączy. Wciśnij ciasto do formy do tarty o średnicy 23 cm z wyjmowanym dnem, zapewniając równą grubość. Nakłuj ciasto widelcem. Zamrażaj przez 15 minut.

d) Ciasto wyłóż folią aluminiową, napełnij ciężarkami lub suszoną fasolą i piecz, aż ciasto stwardnieje i zacznie się rumienić (około 15 minut). Zdjąć folię i obciążenie, następnie kontynuować pieczenie do lekkiego zrumienienia (dodatkowe 15 minut). Pozostaw ciasto do całkowitego ostygnięcia na metalowej kratce.

POŻYWNY:

e) W małym rondlu połącz puree z marakui i posyp żelatyną. Odstawiamy aż żelatyna zmięknie (około 5 minut). Gotuj na małym ogniu, ciągle mieszając, aż będzie gorący, ale nie wrzący i żelatyna się rozpuści . Zdjąć z ognia.

f) Żółtka ubijamy z cukrem, aż masa będzie jasnożółta i gęsta. Wymieszać z gorącą mieszaniną żelatyny. Studzimy w lodowatej wodzie, aż lekko zgęstnieje (około 5 minut). Wyjąć z lodowatej wody.

g) Ubij białka, aż utworzą się miękkie szczyty. Delikatnie połącz z marakują. Ubij śmietanę, aż powstanie sztywna piana, a następnie dodaj ją do mieszanki owoców męczennicy. Nadzienie wykładamy na ostudzony spód tarty. Przechowywać w lodówce do momentu stwardnienia (co najmniej 2 godziny lub do 24 godzin).

SOS:

h) W rondelku zagotuj puree z marakui i cukier. Smakuj słodyczy. Rozpuść skrobię kukurydzianą w likierze i dodaj do puree. Gotować aż zgęstnieje. Ostudzić i przechowywać w lodówce do momentu wystygnięcia (co najmniej 2 godziny lub do 1 dnia).

i) Przenieść bitą śmietanę do rękawa cukierniczego z karbowaną końcówką o średnicy 1/2 cala/12 mm. Wyciśnij krem wokół brzegów tarty. Zdjąć boki tarty, pokroić i podawać z sosem. Cieszyć się!

68. Szyfonowe Tarty Ziemniaczane

SKŁADNIKI:

DO SKORUPY:
- 8 uncji mąki uniwersalnej
- 2 uncje cukru pudru/cukierniczego
- Szczypta soli
- 4 uncje schłodzonego masła, pokrojonego w ½-calową kostkę
- ½ uncji tłuszczu
- 1 duże jajko, lekko ubite
- ¼ łyżeczki ekstraktu waniliowego

DO WYPEŁNIENIA:
- 1 koperta lub 1 łyżka żelatyny
- ½ szklanki brązowego cukru
- ½ łyżeczki soli
- ½ łyżeczki cynamonu
- ½ łyżeczki gałki muszkatołowej
- ½ łyżeczki imbiru
- 1 ¼ szklanki puree ze słodkich ziemniaków, podgrzanego w kuchence mikrofalowej
- 3 żółtka
- ½ szklanki mleka

INSTRUKCJE:

DO SKORUPY:
a) W robocie kuchennym zmiksuj uniwersalną mąkę, cukier puder i sól.
b) Dodać schłodzone, pokrojone w kostkę masło i tłuszcz. Pulsuj, aż uzyskasz drobną konsystencję przypominającą bułkę tartą.
c) Połącz ekstrakt waniliowy z ubitym jajkiem, a następnie dodaj go do mieszanki mącznej przy włączonym malakserze. Zatrzymaj się, gdy tylko ciasto się uformuje ; unikać nadmiernego mieszania.
d) Wyjmij ciasto, owiń je folią spożywczą i wstaw do lodówki na co najmniej 30 minut. Podzielić na małe kulki pasujące do foremek na tartę, następnie wcisnąć ciasto do foremek i uformować tartaletki.
e) Nakłuj ciasto widelcem. Przykrywamy tartaletki folią aluminiową i obciążamy je ciężarkami lub fasolą. Piec w piekarniku nagrzanym do 375°F przez 10 minut.

f) Wyjmij z piekarnika, wyjmij obciążenie i folię, a następnie włóż tartaletki do zarumienienia na kolejne 5 - 8 minut.

DO WYPEŁNIENIA:

g) Rozmroź żelatynę za pomocą 2 łyżek wody.
h) Podgrzej mleko i cukier, aż cukier się rozpuści . Zdjąć z ognia i dodać żółtka, dobrze wymieszać.
i) Dodać żelatynę i gotować aż się rozpuści , a ciasto zgęstnieje. Wyłącz ogień i dodaj puree ze słodkich ziemniaków.
j) Nadzienie przełóż do rękawa cukierniczego z dużą końcówką w kształcie gwiazdki i wyciśnij na upieczone tartaletki.
k) Posypać pokruszonymi i posiekanymi migdałami.
l) Rozkoszuj się tymi wspaniałymi szyfonowymi tartami ze słodkich ziemniaków z idealną mieszanką kruchej skórki i pikantnym nadzieniem ze słodkich ziemniaków!

69. Morelowa Tarta Szyfonowa

SKŁADNIKI:
DO SKORUPY:
- 5 uncji kruchych ciasteczek, połamanych (np. Walkers)
- ⅔ szklanki całych, surowych migdałów
- ¼ szklanki) cukru
- ½ łyżeczki grubej soli
- 4 łyżki roztopionego, niesolonego masła

DO WYPEŁNIENIA:
- 1 ¾ funta świeżych moreli (około 10), wypestkowanych i pokrojonych na ćwiartki
- ¾ szklanki wody i ⅓ szklanki zimnej wody
- 1 ½ szklanki cukru
- ½ łyżeczki grubej soli
- 2 koperty (4 ½ niepełnych łyżeczek) niesmakowanej żelatyny w proszku
- 5 dużych jaj, oddzielonych
- Surowe migdały, posiekane, do dekoracji

INSTRUKCJE:
DO SKORUPY:
a) Rozgrzej piekarnik do 350°F.
b) Pulsuj ciasteczka w robocie kuchennym, aż utworzą się okruchy (około 1 filiżanki).
c) Dodaj migdały, cukier i sól do robota; miksować, aż migdały zostaną drobno zmielone.
d) Dodaj roztopione masło i miksuj, aż mieszanina się połączy.
e) Wciśnij mieszaninę równomiernie na dno i boki 9-calowej karbowanej formy do tarty z wyjmowanym dnem.
f) Przechowywać w lodówce do twardości, około 15 minut.
g) Piec na złoty kolor, od 17 do 20 minut.
h) Przenieść na kratkę i pozostawić do ostygnięcia.

DO WYPEŁNIENIA:
i) W rondlu zagotuj morele, ¾ szklanki wody, ¾ szklanki cukru i sól. Przykryj, zmniejsz ogień i gotuj na wolnym ogniu, aż morele będą bardzo miękkie, około 10 minut. Zdjąć z ognia i pozostawić do ostygnięcia na 20 minut.

j) Zmiel morele i płyn w blenderze. Przecedzić przez drobne sito do miski (powinieneś otrzymać 3 szklanki puree; zarezerwować ½ szklanki).
k) W małej misce posyp żelatyną pozostałą ⅓ szklanki zimnej wody i odstaw, aż zmięknie, około 5 minut.
l) Podgrzej 2 ½ szklanki puree z moreli w średnim rondlu na średnim ogniu. Zmiękczoną żelatynę wymieszaj z puree i mieszaj, aż żelatyna się rozpuści.
m) Przygotuj kąpiel lodowo-wodną. W średniej misce wymieszaj żółtka i ½ szklanki cukru. Wymieszaj jedną trzecią mieszanki moreli i żelatyny, a następnie wlej z powrotem na patelnię.
n) Gotuj na średnim ogniu, ciągle mieszając, aż zgęstnieje, 2 do 3 minut. Przelać przez sitko do miski ustawionej w łaźni lodowo-wodnej. Ubijaj, aż zacznie żelować, około 5 minut.
o) W osobnej misce ubijaj białka, aż utworzą się miękkie szczyty. Stopniowo dodawaj pozostałą ¼ szklanki cukru i ubijaj, aż utworzą się sztywne szczyty, około 2 minut.
p) Wymieszaj jedną trzecią białek z mieszanką moreli i żelatyny. Delikatnie dodaj pozostałe białka.
q) Pozostawić do ostygnięcia, mieszając, aż mieszanina będzie wystarczająco gęsta, aby można ją było uformować, od 3 do 5 minut.
r) Wyłóż łyżką na ciasto (będzie wysoki stos).
s) Ciasto przechowuj w lodówce przez 2 godziny lub do 1 dnia.
t) Przed podaniem polej wierzch zarezerwowanym ½ szklanki puree z moreli i posyp posiekanymi orzechami.

70. Szyfonowa tarta malinowa

SKŁADNIKI:
- 1 gotowy spód do tarty (kupny lub domowej roboty)
- 2 szklanki świeżych malin
- 1/4 szklanki granulowanego cukru
- 1 łyżka soku z cytryny
- 1 koperta bezsmakowej żelatyny
- 1/4 szklanki zimnej wody
- 1 szklanka gęstej śmietanki
- 1/4 szklanki cukru pudru
- Świeże maliny, do dekoracji

INSTRUKCJE:

a) Przygotuj spód tarty zgodnie z instrukcją na opakowaniu lub wybranym przepisem. Pozwól mu całkowicie ostygnąć.
b) W rondlu wymieszaj świeże maliny, cukier granulowany i sok z cytryny. Gotuj na średnim ogniu, aż maliny się rozpadną i puszczą sok, około 5-7 minut. Zdjąć z ognia i pozostawić do lekkiego ostygnięcia.
c) W małej misce zalej żelatynę zimną wodą i odstaw na około 5 minut, aby zmiękła.
d) Gdy masa malinowa lekko ostygnie, przecedź ją przez sito o drobnych oczkach, aby usunąć pestki, dociskając, aby wydobyć jak najwięcej płynu.
e) Przecedzony płyn malinowy z powrotem przelej do rondla. Podgrzewaj na małym ogniu, aż będzie ciepły, ale nie wrzący. Dodać zmiękczoną żelatynę i mieszać aż do całkowitego rozpuszczenia. Zdjąć z ognia i pozostawić do ostygnięcia do temperatury pokojowej.
f) W misie miksera ubić gęstą śmietanę z cukrem pudrem, aż powstanie sztywna piana.
g) Delikatnie wymieszaj schłodzoną masę malinową z ubitą śmietaną, aż składniki dobrze się połączą.
h) Na wystudzony spód tarty wylewamy nadzienie z szyfonu malinowego, równomiernie rozprowadzając.
i) Tartę przechowuj w lodówce przez co najmniej 4 godziny lub do momentu, aż tarta stwardnieje.
j) Przed podaniem udekoruj tartę świeżymi malinami. Pokrój i podawaj schłodzone.

71. Kokosowa Tarta Szyfonowa

SKŁADNIKI:
- 1 gotowy spód do tarty (kupny lub domowej roboty)
- 1 szklanka słodzonych wiórków kokosowych, prażonych
- 1 szklanka mleka kokosowego
- 1/2 szklanki granulowanego cukru
- 1 koperta bezsmakowej żelatyny
- 1/4 szklanki zimnej wody
- 1 szklanka gęstej śmietanki
- 1/4 szklanki cukru pudru
- Prażone płatki kokosowe do dekoracji

INSTRUKCJE:
a) Przygotuj spód tarty zgodnie z instrukcją na opakowaniu lub wybranym przepisem. Pozwól mu całkowicie ostygnąć.
b) Na spód schłodzonej tarty równomiernie rozłóż prażone wiórki kokosowe.
c) W rondlu podgrzej mleko kokosowe i cukier granulowany na średnim ogniu, aż cukier się rozpuści, a mieszanina będzie ciepła, ale nie wrząca.
d) W małej misce zalej żelatynę zimną wodą i odstaw na około 5 minut, aby zmiękła.
e) Gdy mleko kokosowe będzie już ciepłe, dodaj zmiękczoną żelatynę i mieszaj aż do całkowitego rozpuszczenia. Zdjąć z ognia i pozostawić do ostygnięcia do temperatury pokojowej.
f) W misie miksera ubić gęstą śmietanę z cukrem pudrem, aż powstanie sztywna piana.
g) Delikatnie wymieszaj schłodzoną mieszaninę mleka kokosowego z ubitą śmictaną, aż składniki dobrze się połączą.
h) Na wystudzony spód tarty wylewamy nadzienie z szyfonu kokosowego, równomiernie rozprowadzając.
i) Tartę przechowuj w lodówce przez co najmniej 4 godziny lub do momentu, aż tarta stwardnieje.
j) Przed podaniem udekoruj tartę prażonymi płatkami kokosa. Pokrój i podawaj schłodzone.

72. Tarta szyfonowa z mieszanymi jagodami

SKŁADNIKI:
- 1 gotowy spód do tarty (kupny lub domowej roboty)
- 2 szklanki mieszanych świeżych jagód (takich jak truskawki, jagody i jeżyny)
- 1/4 szklanki granulowanego cukru
- 1 łyżka soku z cytryny
- 1 koperta bezsmakowej żelatyny
- 1/4 szklanki zimnej wody
- 1 szklanka gęstej śmietanki
- 1/4 szklanki cukru pudru
- Świeże liście mięty do dekoracji

INSTRUKCJE:
a) Przygotuj spód tarty zgodnie z instrukcją na opakowaniu lub wybranym przepisem. Pozwól mu całkowicie ostygnąć.
b) W rondlu wymieszaj zmieszane jagody, cukier granulowany i sok z cytryny. Gotuj na średnim ogniu, aż jagody zmiękną i puszczą sok, około 5-7 minut. Zdjąć z ognia i pozostawić do lekkiego ostygnięcia.
c) W małej misce zalej żelatynę zimną wodą i odstaw na około 5 minut, aby zmiękła.
d) Gdy mieszanina jagód lekko ostygnie, przecedź ją przez sito o drobnych oczkach, aby usunąć wszelkie nasiona.
e) Przelej napięty płyn jagodowy do rondla. Podgrzewaj na małym ogniu, aż będzie ciepły, ale nie wrzący. Dodać zmiękczoną żelatynę i mieszać aż do całkowitego rozpuszczenia. Zdjąć z ognia i pozostawić do ostygnięcia do temperatury pokojowej.
f) W misie miksera ubić gęstą śmietanę z cukrem pudrem, aż powstanie sztywna piana.
g) Delikatnie wymieszaj schłodzoną masę jagodową z ubitą śmietaną, aż składniki dobrze się połączą.
h) Na wystudzony spód tarty wylać mieszankę szyfonu jagodowego, równomiernie ją rozprowadzając.
i) Tartę przechowuj w lodówce przez co najmniej 4 godziny lub do momentu, aż tarta stwardnieje.
j) Przed podaniem udekoruj tartę listkami świeżej mięty. Pokrój i podawaj schłodzone.

DESERY WARSTWOWE

73. Doniczki z szyfonu czekoladowego

SKŁADNIKI:

- 1 ½ szklanki odtłuszczonego mleka
- 2 koperty z niesmakowanej żelatyny
- 3 łyżki niesłodzonego kakao
- 2 łyżki cukru granulowanego
- Kilka ziarenek soli
- 2 łyżeczki ekstraktu waniliowego
- 1 szklanka kostek lodu (6 do 8)
- 4 łyżeczki półsłodkich wiórków czekoladowych

INSTRUKCJE:

a) Umieść mleko w średniej wielkości rondlu. Dodać żelatynę, kakao, cukier i sól. Mieszaj na umiarkowanym ogniu, aż żelatyna całkowicie się rozpuści.

b) Zdejmij rondelek z ognia; dodać wanilię i energicznie wymieszać widelcem lub trzepaczką, aby dobrze wymieszać składniki.

c) Wlać mieszaninę do blendera. Dodaj kostki lodu, przykryj i miksuj na średnich obrotach, aż kostki lodu się rozpuszczą.

d) Odkryć, wymieszać raz gumową szpatułką i odstawić na 2-3 minuty, aż zacznie galaretować.

e) Rozłóż masę czekoladowo-szyfonową do 4 talerzy deserowych lub kieliszków do parfaitu.

f) Każdą porcję posyp 1 łyżeczką półsłodkich wiórków czekoladowych.

g) Ciesz się wspaniałymi i schłodzonymi czekoladowymi doniczkami z szyfonu!

74. Cytrynowy budyń szyfonowy

SKŁADNIKI:
- 1 szklanka cukru
- 3 łyżki masła
- 4 łyżki mąki
- ¼ łyżeczki soli
- ¼ szklanki soku z cytryny
- ½ cytryny, otarta skórka
- 1 szklanka mleka
- 3 Jajka, oddzielone

INSTRUKCJE:
a) Połącz cukier, mąkę, sól i masło.
b) Dodać sok z cytryny i startą skórkę z cytryny, następnie dodać ubite żółtka. Ubijaj, aż składniki zostaną dokładnie wymieszane.
c) Dodać mleko i wymieszać z masą.
d) Dodajemy ubite na sztywno białka.
e) Wlać mieszaninę do natłuszczonej formy do pieczenia i wstawić do garnka z gorącą wodą.
f) Piec w temperaturze 350°F przez 45 minut.
g) Podawać na ciepło.

75. Szyfonowy drobiazg z mango i limonki

SKŁADNIKI:
- 4 żółtka
- 2 łyżeczki żelatyny w proszku
- 2 łyżeczki drobno startej skórki z limonki
- ½ szklanki soku z limonki
- ⅔ szklanki cukru pudru
- 3 białka jaj
- 2 średnie mango, pokrojone w cienkie plasterki
- ½ x 460 g okrągłego, podwójnego biszkoptu bez nadzienia, pokrojonego na 2 cm kawałki (patrz uwaga)
- 300ml zagęszczonej śmietany, ubitej

INSTRUKCJE:
PRZYGOTUJ MIESZANKĘ SZYFONU LIMENOWEGO
a) Połącz żółtka, żelatynę, skórkę z limonki, ⅓ szklanki soku z limonki i połowę cukru w średnio żaroodpornej misce.
b) Miskę postaw na średnim garnku z gotującą się wodą.
c) Ubijaj mieszaninę na ogniu przez 2 do 3 minut lub do momentu, aż zgęstnieje.
d) Zdejmij miskę z ognia i pozwól jej ostygnąć.

PRZYGOTUJ BEZĘ
e) Używając miksera elektrycznego, ubijaj białka w misce, aż utworzą się miękkie szczyty.
f) Stopniowo dodawaj pozostały cukier, ubijaj aż cukier się rozpuści po każdym dodaniu.
g) Włóż bezę do masy limonkowej w dwóch partiach.

Złóż drobiazg
h) Zmiksuj lub zmiksuj ⅓ mango na gładką masę. Przechowywać w lodówce do momentu użycia.
i) Ułóż ciasto na dnie szklanej miski o pojemności 2 litrów (8 filiżanek).
j) Skropić pozostałym sokiem z limonki.
k) Na wierzch połóż resztę pokrojonego mango.
l) Posmaruj mango limonkowo-szyfonową mieszanką.
m) Przechowywać w lodówce przez 3 godziny lub przez noc, jeśli czas na to pozwala.
n) Całość posmaruj bitą śmietaną i skrop puree z mango.
o) Podawaj i ciesz się tym wspaniałym szyfonowym drobiazgiem z mango i limonki.

76. Parfaits z sernika szyfonowego i truskawkowego

SKŁADNIKI:
DO WYPEŁNIENIA:
- 1 ¼ łyżeczki niesmakowanej żelatyny (połowa opakowania)
- ⅔ szklanki soku ananasowego
- Opakowanie 8 uncji beztłuszczowego serka śmietankowego, zmiękczonego do temperatury pokojowej LUB jogurtu odcedzonego przez 24 godziny
- 42 gramy liofilizowanych truskawek (około 1 filiżanki) zmielonych na proszek
- 4 łyżki granulowanego cukru
- 2 duże jajka, oddzielone
- ¼ łyżeczki soli koszernej

DO SKORUPY:
- 20 krakersów Graham (5 arkuszy) rozdrobnionych na okruchy
- 1 łyżka brązowego cukru
- 1 łyżka masła, roztopionego
- 2 szczypty soli koszernej

INSTRUKCJE:
NA SKÓRĘ KRAKÓW GRAHAM:
a) Połącz okruchy krakersów graham, cukier i roztopione masło. Dobrze wymieszaj i przechowuj w szczelnym pojemniku.

DO WYPEŁNIENIA:
b) Zmiel liofilizowane truskawki w robocie kuchennym lub blenderze, aż uzyskają drobny proszek. Odłożyć na bok.
c) Zmiękczony serek śmietankowy ubić w misce wyposażonej w mikser łopatkowy. Dodaj proszek truskawkowy i ubijaj na wysokich obrotach, aż masa będzie kremowa i gładka.
d) W małym rondlu wymleszaj żelatynę i sok ananasowy. Odstawić do wyrośnięcia na około 5 minut.
e) W osobnej misce ubić białka na sztywną pianę. Odłożyć na bok.
f) Na małym ogniu mieszaj mieszaninę żelatyny, aż do całkowitego rozpuszczenia. Zdjąć z ognia.
g) W drugiej misce wymieszaj żółtka z cukrem, aż żółtka zmienią kolor na bladożółty.

h) Aby zahartować żółtko, stopniowo dodawaj małe ilości ciepłej mieszaniny żelatyny podczas ubijania, aby zapobiec posklejaniu.
i) W rondlu wymieszaj mieszaninę hartowanych żółtek z pozostałą mieszaniną żelatyny. Gotuj na średnim ogniu, ciągle mieszając, aż mieszanina lekko zgęstnieje (około 3-5 minut).
j) Przy niskiej prędkości stopniowo dodawaj około ⅓ mieszaniny żelatyny do mieszanki serka śmietankowego. Powtarzaj, aż cała żelatyna zostanie wchłonięta. Wyjmij misę z miksera.
k) Delikatnie wymieszaj ze sztywnymi białkami, aż zostaną całkowicie połączone.

DO MONTAŻU PARFAITÓW:
l) Do każdej filiżanki nałóż około ½ szklanki nadzienia szyfonowego.
m) Powtórz proces dla pozostałych parfaitów.
n) Przechowywać w lodówce do twardości, około 1 do 1 ½ godziny.
o) Przed podaniem posyp 1 łyżką Graham Cracker Crust i udekoruj pokrojonymi w kostkę świeżymi truskawkami.
p) Rozkoszuj się tymi pysznymi parfaitami z szyfonowego sernika truskawkowego, idealną ucztą na powitanie wiosny !

77. Szyfonowe tiramisu

SKŁADNIKI:
NA CIASTO SZYFONOWE:
- 1 szklanka mąki tortowej
- 1 szklanka granulowanego cukru
- 1 łyżeczka proszku do pieczenia
- ½ łyżeczki soli
- ¼ szklanki oleju roślinnego
- ¼ szklanki wody
- 6 dużych jaj, oddzielonych
- 1 łyżeczka ekstraktu waniliowego
- ¼ łyżeczki kremu z kamienia nazębnego

NA NADZIENIE TIRAMISU:
- 1 filiżanka mocnej, parzonej kawy, ostudzonej
- ¼ szklanki likieru kawowego (np. Kahlúa)
- 3 łyżki kakao w proszku, podzielone
- 8 uncji sera mascarpone, zmiękczonego
- 1 szklanka gęstej śmietanki
- ½ szklanki cukru pudru
- 1 łyżeczka ekstraktu waniliowego

DO MONTAŻU:
- Proszek kakaowy do posypania
- Wiórki czekoladowe lub starta czekolada

INSTRUKCJE:
CIASTO SZYFONOWE:
a) Rozgrzej piekarnik do 163°C (325°F). Nasmaruj tłuszczem i mąką okrągłą foremkę do ciasta o średnicy 9 cali.
b) W dużej misce wymieszaj mąkę tortową, cukier, proszek do pieczenia i sól.
c) W osobnej misce wymieszaj olej, wodę, żółtka i ekstrakt waniliowy.
d) Stopniowo dodawaj mokre składniki do suchych, mieszaj, aż masa będzie gładka.
e) W innej czystej, suchej misce ubijaj białka i krem kamienniczy na sztywną pianę.

f) Delikatnie wmieszaj masę białek do ciasta, aż składniki dobrze się połączą.
g) Ciasto wlać do przygotowanej formy i wyrównać wierzch.
h) Piec przez 35-40 minut lub do momentu, gdy wykałaczka wbita w środek będzie czysta.
i) Przed wyjęciem ciasta z formy poczekaj, aż ciasto całkowicie ostygnie.

NADZIENIE TIRAMISU:
j) W płytkim naczyniu połącz zaparzoną kawę z likierem kawowym. Odłożyć na bok.
k) Do małej miski przesiać 2 łyżki kakao.
l) W misce wymieszaj serek mascarpone, cukier puder i ekstrakt waniliowy na gładką masę.
m) W osobnej misce ubijaj gęstą śmietanę, aż powstanie sztywna piana.
n) Delikatnie wmieszaj ubitą śmietanę do masy mascarpone, aż składniki dobrze się połączą.

MONTAŻ:
o) Ostudzone ciasto szyfonowe przekrój poziomo na dwie równe warstwy.
p) Zanurzaj każdą warstwę ciasta w mieszance kawy, upewniając się, że jest dobrze namoczona, ale nie rozmoczona.
q) Na dnie naczynia do serwowania ułóż jedną namoczoną warstwę ciasta.
r) Na namoczoną warstwę ciasta wyłóż warstwę masy mascarpone.
s) Połowę przesianego kakao wysypać na warstwę mascarpone.
t) Powtórzyć proces z drugą warstwą ciasta, mascarpone i pozostałym kakao.
u) Na koniec posypujemy wierzch kakao i dekorujemy wiórkami czekoladowymi lub startą czekoladą.
v) Odstawić do lodówki na co najmniej 4 godziny lub na całą noc, aby smaki się przegryzły.
w) Pokrój i podawaj schłodzone.

78. Mus szyfonowy z malinami i białą czekoladą

SKŁADNIKI:

NA WARSTWĘ CIASTA SZYFONOWEGO:
- 1 warstwa ciasta szyfonowego (można użyć dowolnego przepisu na ciasto szyfonowe)

NA WARSTWĘ MUSU MALINOWEGO:
- 2 szklanki świeżych malin
- 1/4 szklanki granulowanego cukru
- 1 łyżka soku z cytryny
- 2 łyżeczki żelatyny w proszku
- 1/4 szklanki zimnej wody
- 1 szklanka gęstej śmietanki

NA WARSTWĘ MUSU Z BIAŁEJ CZEKOLADY:
- 6 uncji białej czekolady, posiekanej
- 1 1/2 szklanki ciężkiej śmietany, podzielone
- 1 łyżeczka ekstraktu waniliowego

INSTRUKCJE:

a) Przygotuj warstwę ciasta szyfonowego według wybranego przepisu i pozostaw do całkowitego ostygnięcia.

b) Aby przygotować warstwę musu malinowego, zmiksuj maliny w blenderze lub robocie kuchennym. Przecedź puree przez sito o drobnych oczkach, aby usunąć nasiona.

c) W rondelku wymieszaj puree malinowe, cukier i sok z cytryny. Gotuj na średnim ogniu, aż cukier się rozpuści. Zdjąć z ognia.

d) W małej misce zalej żelatynę zimną wodą i pozostaw ją na 5 minut. Podgrzewaj mieszaninę żelatyny w kuchence mikrofalowej przez 10-15 sekund, aż się rozpuści.

e) Wymieszaj rozpuszczoną żelatynę z ciepłą malinową masą, aż dobrze się połączy. Pozostawić do ostygnięcia do temperatury pokojowej.

f) W misce miksującej ubijaj gęstą śmietanę, aż powstanie sztywna piana. Delikatnie wymieszaj ubitą śmietanę z malinową masą, aż masa będzie gładka i dobrze połączona.

g) Na warstwę ciasta szyfonowego w naczyniu lub osobnych szklankach równomiernie rozsmaruj mus malinowy.

Przechowywać w lodówce na czas przygotowania warstwy musu z białej czekolady.

h) Aby przygotować warstwę musu z białej czekolady, rozpuść białą czekoladę z 1/2 szklanki gęstej śmietany w żaroodpornej misce ustawionej nad garnkiem z gotującą się wodą (podwójny bojler). Mieszaj, aż masa będzie gładka i kremowa. Zdjąć z ognia i pozostawić do ostygnięcia do temperatury pokojowej.
i) W innej misce ubij pozostałą 1 szklankę ciężkiej śmietanki i ekstraktu waniliowego, aż powstanie sztywna piana.
j) Delikatnie wymieszaj ubitą śmietanę z ostudzoną masą białej czekolady, aż masa będzie gładka i dobrze połączona.
k) Ostrożnie rozsmaruj mus z białej czekolady na warstwie musu malinowego.
l) Przechowuj warstwowy deser w lodówce przez co najmniej 4 godziny lub do momentu, aż deser stwardnieje.
m) Przed podaniem udekoruj świeżymi malinami lub wiórkami białej czekolady, jeśli chcesz. Rozkoszuj się pysznym połączeniem smaków malin i białej czekolady!

79. Szyfonowe parfait z jagodami i cytryną

SKŁADNIKI:

NA WARSTWĘ CIASTA SZYFONOWEGO:
- 1 warstwa ciasta szyfonowego (można użyć dowolnego przepisu na ciasto szyfonowe)

NA WARSTWĘ KOMPOTU JORÓWKOWEGO:
- 2 szklanki świeżych lub mrożonych jagód
- 1/4 szklanki granulowanego cukru
- 1 łyżka soku z cytryny
- 1 łyżeczka skrobi kukurydzianej
- 2 łyżki zimnej wody

NA WARSTWĘ Z MUSEM CYTRYNOWYM:
- 1 szklanka gęstej śmietanki
- 1/4 szklanki cukru pudru
- Skórka z 1 cytryny
- 2 łyżki soku z cytryny
- 1 łyżeczka żelatyny w proszku
- 2 łyżki zimnej wody

INSTRUKCJE:

a) Przygotuj warstwę ciasta szyfonowego według wybranego przepisu i pozostaw do całkowitego ostygnięcia.

b) Aby przygotować warstwę kompotu jagodowego, wymieszaj w rondlu jagody, cukier i sok z cytryny. Gotuj na średnim ogniu, aż jagody pękną i puszczą sok.

c) W małej misce rozpuść skrobię kukurydzianą w zimnej wodzie. Wymieszaj mieszaninę skrobi kukurydzianej z mieszanką jagód i gotuj, aż zgęstnieje, ciągle mieszając. Zdjąć z ognia i pozostawić do ostygnięcia do temperatury pokojowej.

d) Aby przygotować warstwę musu cytrynowego, ubij śmietankę, cukier puder, skórkę cytrynową i sok z cytryny, aż uzyskasz miękką pianę.

e) W małej misce zalej żelatynę zimną wodą i pozostaw ją na 5 minut. Podgrzewaj mieszaninę żelatyny w kuchence mikrofalowej przez 10-15 sekund, aż się rozpuści.

f) Stopniowo dodawaj rozpuszczoną żelatynę do ubitej śmietanki, ubijaj, aż powstanie sztywna piana.

g) Aby złożyć parfaity, pokrusz warstwę ciasta szyfonowego i rozłóż ją pomiędzy szklankami.
h) Na wierzch ciasta nałóż łyżkę kompotu jagodowego, a następnie warstwę musu cytrynowego.
i) wypełnienia szklanek , kończąc na wierzchu porcją musu cytrynowego.
j) Przechowuj parfaity w lodówce przez co najmniej 2 godziny lub do momentu, aż zastygną.
k) Przed podaniem udekoruj świeżymi jagodami i plasterkami cytryny, jeśli chcesz. Ciesz się orzeźwiającym połączeniem smaków jagód i cytryny!

80. drobnostka z kokosa i ananasa

SKŁADNIKI:

NA WARSTWĘ CIASTA SZYFONOWEGO:
- 1 warstwa ciasta szyfonowego (można użyć dowolnego przepisu na ciasto szyfonowe)

NA WARSTWĘ NADZIENIA ANANASOWEGO:
- 2 szklanki świeżego ananasa, pokrojonego w kostkę
- 1/4 szklanki granulowanego cukru
- 1 łyżka skrobi kukurydzianej
- 2 łyżki zimnej wody
- 1/2 szklanki wiórków kokosowych

NA WARSTWĘ KREMU KOKOSOWEGO:
- 1 puszka (13,5 uncji) mleka kokosowego, schłodzonego
- 1/4 szklanki cukru pudru
- 1 łyżeczka ekstraktu waniliowego
- 1/2 szklanki wiórków kokosowych, prażonych (opcjonalnie, do dekoracji)

INSTRUKCJE:

a) Przygotuj warstwę ciasta szyfonowego według wybranego przepisu i pozostaw do całkowitego ostygnięcia.

b) Aby przygotować warstwę nadzienia ananasowego, w rondelku połącz pokrojony w kostkę ananas z cukrem. Gotuj na średnim ogniu, aż ananas zmięknie i puści sok.

c) W małej misce rozpuść skrobię kukurydzianą w zimnej wodzie. Wymieszaj mieszaninę skrobi kukurydzianej z mieszaniną ananasa i gotuj, aż zgęstnieje, ciągle mieszając. Zdjąć z ognia i pozostawić do ostygnięcia do temperatury pokojowej.

d) Do mieszanki ananasowej dodaj wiórki kokosowe.

e) Aby przygotować warstwę kremu kokosowego, otwórz schłodzoną puszkę mleka kokosowego i wybierz stałą śmietankę kokosową, która wypłynęła na górę, pozostawiając wodę kokosową. Do miski miksującej włóż śmietankę kokosową.

f) Do śmietanki kokosowej dodać cukier puder i ekstrakt waniliowy. Ubijaj, aż masa będzie gładka i kremowa.

g) Aby przygotować deser, pokrusz warstwę ciasta szyfonowego i rozłóż równomiernie jego połowę na dnie naczynia do serwowania.
h) Na warstwę ciasta wyłóż nadzienie ananasowe.
i) Na nadzienie ananasowe rozsmaruj krem kokosowy.
j) Powtórzyć warstwy z pozostałą bułką tartą, nadzieniem ananasowym i kremem kokosowym.
k) Opcjonalnie możesz udekorować wierzch prażonymi wiórkami kokosowymi.
l) Przed podaniem deser należy przechowywać w lodówce co najmniej 2 godziny, aby smaki się przegryzły.
m) Pokrój i podawaj rozkoszny szyfonowy kokos i ananas i ciesz się tropikalnymi smakami!

81. Drobne ciasto szyfonowe z Czarnego Lasu

SKŁADNIKI:

NA WARSTWĘ CIASTA SZYFONOWEGO:
- 1 warstwa ciasta szyfonowego (można użyć dowolnego przepisu na ciasto szyfonowe)

NA NADZIENIE WIŚNIOWE:
- 2 szklanki wiśni bez pestek, świeżych lub mrożonych
- 1/4 szklanki granulowanego cukru
- 1 łyżka skrobi kukurydzianej
- 2 łyżki zimnej wody
- 1 łyżka soku z cytryny
- 1/2 łyżeczki ekstraktu migdałowego (opcjonalnie)

NA WARSTWĘ Z BITĄ ŚMIETANĄ:
- 2 szklanki gęstej śmietanki
- 1/4 szklanki cukru pudru
- 1 łyżeczka ekstraktu waniliowego

DO MONTAŻU:
- wiórki lub loki czekolady do dekoracji (opcjonalnie)

INSTRUKCJE:

a) Przygotuj warstwę ciasta szyfonowego według wybranego przepisu i pozostaw do całkowitego ostygnięcia.

b) Aby przygotować nadzienie wiśniowe, wymieszaj w rondlu wiśnie, cukier, sok z cytryny i ekstrakt migdałowy (jeśli używasz). Gotuj na średnim ogniu, aż wiśnie puszczą sok.

c) W małej misce rozpuść skrobię kukurydzianą w zimnej wodzie. Wmieszaj mieszaninę skrobi kukurydzianej do mieszanki wiśniowej i gotuj, aż zgęstnieje, ciągle mieszając. Zdjąć z ognia i pozostawić do ostygnięcia do temperatury pokojowej.

d) Aby przygotować warstwę bitej śmietany, ubijaj ciężką śmietanę, cukier puder i ekstrakt waniliowy, aż powstanie sztywna piana.

e) Aby złożyć drobiazg, pokrój warstwę ciasta szyfonowego w drobną kostkę.

f) Połóż połowę kostek ciasta na dnie małego naczynia lub pojedynczych szklanek.

g) Na kostki ciasta wyłóż połowę nadzienia wiśniowego, równomiernie je rozprowadzając.

h) Na nadzienie wiśniowe wyłóż połowę bitej śmietany.
i) Powtórzyć warstwy z pozostałymi kostkami ciasta, nadzieniem wiśniowym i bitą śmietaną.
j) Opcjonalnie możesz udekorować wierzch wiórkami czekolady lub lokami.
k) Przed podaniem włóż drobiazg do lodówki na co najmniej 1 godzinę, aby smaki się przegryzły.
l) Podawaj schłodzone i ciesz się soczystymi warstwami tego deseru inspirowanego Schwarzwaldem!

82. Szyfonowe parfait z kokosa i mango

SKŁADNIKI:

NA WARSTWĘ CIASTA SZYFONOWEGO:
- 1 warstwa ciasta szyfonowego (można użyć dowolnego przepisu na ciasto szyfonowe)

NA WARSTWĘ PUREE Z MANGO:
- 2 dojrzałe mango, obrane i pokrojone w kostkę
- 2 łyżki drobnego cukru (dostosuj do smaku)
- 1 łyżka soku z cytryny

NA WARSTWĘ KREMU KOKOSOWEGO:
- 1 puszka (13,5 uncji) mleka kokosowego, schłodzonego
- 1/4 szklanki cukru pudru
- 1 łyżeczka ekstraktu waniliowego

INSTRUKCJE:

a) Przygotuj warstwę ciasta szyfonowego według wybranego przepisu i pozostaw do całkowitego ostygnięcia.

b) Aby przygotować warstwę puree z mango, zmiksuj pokrojone w kostkę mango, cukier i sok z cytryny w blenderze lub robocie kuchennym na gładką masę. Dostosuj cukier do smaku.

c) Aby przygotować warstwę kremu kokosowego, otwórz schłodzoną puszkę mleka kokosowego i wybierz stałą śmietankę kokosową, która wypłynęła na górę, pozostawiając wodę kokosową. Do miski miksującej włóż śmietankę kokosową.

d) Do śmietanki kokosowej dodać cukier puder i ekstrakt waniliowy. Ubijaj, aż masa będzie gładka i kremowa.

e) Aby przygotować parfait, pokrusz warstwę ciasta szyfonowego na dno szklanek.

f) Na okruchy ciasta wyłóż warstwę puree z mango.

g) Na wierzch połóż warstwę kremu kokosowego.

h) Powtarzaj warstwy, aż szklanki zostaną wypełnione, kończąc na wierzchu porcją kremu kokosowego.

i) Opcjonalnie udekoruj dodatkowo pokrojonym w kostkę mango lub prażonymi płatkami kokosowymi.

j) Przed podaniem parfaity należy przechowywać w lodówce przez co najmniej 1 godzinę, aby smaki się przegryzły.

k) Podawaj schłodzone i rozkoszuj się tropikalnym połączeniem smaków kokosa i mango!

83. Brzoskwiniowy szyfonowy tort Melba

SKŁADNIKI:
NA WARSTWĘ CIASTA SZYFONOWEGO:
- 1 warstwa ciasta szyfonowego (można użyć dowolnego przepisu na ciasto szyfonowe)

NA WARSTWĘ KOMPOTU BRZOSKWINOWEGO:
- 2 szklanki pokrojonych w plasterki brzoskwiń, świeżych lub z puszki (odsączonych)
- 2 łyżki granulowanego cukru
- 1 łyżka soku z cytryny

NA WARSTWĘ SOSU MALINOWEGO:
- 1 szklanka świeżych malin
- 2 łyżki granulowanego cukru
- 1 łyżka soku z cytryny

NA WARSTWĘ Z BITĄ ŚMIETANĄ:
- 2 szklanki gęstej śmietanki
- 1/4 szklanki cukru pudru
- 1 łyżeczka ekstraktu waniliowego

INSTRUKCJE:
a) Przygotuj warstwę ciasta szyfonowego według wybranego przepisu i pozostaw do całkowitego ostygnięcia.
b) Aby przygotować warstwę kompotu brzoskwiniowego, w rondlu wymieszaj pokrojone brzoskwinie, cukier i sok z cytryny. Gotuj na średnim ogniu, aż brzoskwinie będą miękkie i puszczą sok.
c) Aby przygotować warstwę sosu malinowego, zmiksuj świeże maliny, cukier i sok z cytryny w blenderze lub robocie kuchennym na gładką masę. Przecedź mieszaninę przez sito o drobnych oczkach, aby usunąć nasiona.
d) Aby przygotować warstwę bitej śmietany, ubijaj ciężką śmietanę, cukier puder i ekstrakt waniliowy, aż powstanie sztywna piana.
e) Aby złożyć drobiazg, pokrój warstwę ciasta szyfonowego w drobną kostkę.
f) Połóż połowę kostek ciasta na dnie małego naczynia lub pojedynczych szklanek.
g) Na kostki ciasta wyłóż połowę kompotu brzoskwiniowego, równomiernie go rozprowadzając.

h) Kompot brzoskwiniowy polej połową sosu malinowego.
i) Połowę bitej śmietany rozsmaruj na sosie malinowym.
j) Warstwy powtarzamy z pozostałymi kostkami ciasta, kompotem brzoskwiniowym, sosem malinowym i bitą śmietaną.
k) Przed podaniem włóż drobiazg do lodówki na co najmniej 1 godzinę, aby smaki się przegryzły.
l) Podawaj schłodzone i rozkoszuj się zachwycającym połączeniem brzoskwiń i malin w tym deserze inspirowanym Peach Melba!

84. Parfait z szyfonu pistacjowego i wiśniowego

SKŁADNIKI:

NA WARSTWĘ CIASTA SZYFONOWEGO:
- 1 warstwa ciasta szyfonowego (można użyć dowolnego przepisu na ciasto szyfonowe)

NA WARSTWĘ KOMPOTU WIŚNIOWEGO:
- 2 szklanki wiśni bez pestek, świeżych lub mrożonych
- 2 łyżki granulowanego cukru
- 1 łyżka soku z cytryny

NA WARSTWĘ KREMU PISTACJOWEGO:
- 1 szklanka gęstej śmietanki
- 1/4 szklanki cukru pudru
- 1 łyżeczka ekstraktu migdałowego
- 1/2 szklanki pistacji łuskanych, drobno posiekanych

INSTRUKCJE:
a) Przygotuj warstwę ciasta szyfonowego według wybranego przepisu i pozostaw do całkowitego ostygnięcia.
b) Aby przygotować warstwę kompotu wiśniowego, w rondlu wymieszaj wiśnie, cukier i sok z cytryny. Gotuj na średnim ogniu, aż wiśnie puszczą sok i mieszanina lekko zgęstnieje. Zdjąć z ognia i pozostawić do ostygnięcia do temperatury pokojowej.
c) Aby przygotować warstwę kremu pistacjowego, ubij śmietankę, cukier puder i ekstrakt migdałowy, aż powstanie sztywna piana.
d) Do bitej śmietany dodać drobno posiekane pistacje, aż zostaną równomiernie rozłożone.
e) Aby przygotować parfait, pokrusz warstwę ciasta szyfonowego na dno szklanek.
f) Na okruchy ciasta wyłóż warstwę kompotu wiśniowego.
g) Na wierzch połóż warstwę kremu pistacjowego.
h) Powtarzaj warstwy, aż szklanki zostaną wypełnione, kończąc na wierzchu porcją kremu pistacjowego.

SZYFONOWE PRĘTY I KWADRATY

85. Cytrynowe szyfonowe batoniki

SKŁADNIKI:
DO SKORUPY:
- 1 1/2 szklanki okruszków krakersów graham
- 1/4 szklanki granulowanego cukru
- 1/2 szklanki niesolonego masła, roztopionego

DO WYPEŁNIENIA:
- 4 duże jajka, oddzielone od siebie
- 1 szklanka granulowanego cukru
- 1/4 szklanki soku z cytryny
- 1 łyżka skórki cytrynowej
- 1/4 szklanki mąki uniwersalnej
- Cukier puder do posypania (opcjonalnie)

INSTRUKCJE:
a) Rozgrzej piekarnik do 175°C (350°F). Nasmaruj formę do pieczenia o wymiarach 9 x 13 cali.
b) W misce wymieszaj okruchy krakersów graham, cukier i roztopione masło. Wciśnij równomiernie masę na dno przygotowanej formy do pieczenia.
c) W drugiej misce ubić żółtka z cukrem pudrem na jasną i puszystą masę.
d) Mieszaj sok z cytryny i skórkę z cytryny, aż dobrze się połączą.
e) Stopniowo mieszaj mąkę, aż będzie gładka.
f) W osobnej misce ubijaj białka, aż utworzą się sztywne szczyty.
g) Delikatnie dodaj ubite białka do mieszanki cytrynowej, aż nie pozostaną smugi.
h) Wlać mieszaninę szyfonu cytrynowego na ciasto w formie do pieczenia.
i) Piec w nagrzanym piekarniku przez 25-30 minut lub do momentu, aż ciasto się zetnie i będzie lekko złociste z wierzchu.
j) Wyjmij z piekarnika i pozostaw do całkowitego ostygnięcia na patelni.
k) Po ostygnięciu posyp wierzch cukrem pudrem według uznania.
l) Pokrój w kwadraty lub batony i podawaj. Ciesz się pikantnym i orzeźwiającym smakiem cytrynowych batoników z szyfonu!

86. Czekoladowe ciasteczka z szyfonu

SKŁADNIKI:
NA WARSTWĘ BROWNIE:
- 1/2 szklanki niesolonego masła
- 1 szklanka granulowanego cukru
- 2 duże jajka
- 1 łyżeczka ekstraktu waniliowego
- 1/3 szklanki niesłodzonego kakao w proszku
- 1/2 szklanki mąki uniwersalnej
- 1/4 łyżeczki soli
- 1/4 łyżeczki proszku do pieczenia

DLA WARSTWY SZYFONU:
- 4 duże jajka, oddzielone od siebie
- 3/4 szklanki granulowanego cukru
- 1/2 szklanki niesolonego masła, roztopionego i ostudzonego
- 1/4 szklanki wody
- 1 łyżeczka ekstraktu waniliowego
- 3/4 szklanki mąki uniwersalnej
- 1/4 łyżeczki kremu z kamienia nazębnego

INSTRUKCJE:
a) Rozgrzej piekarnik do 175°C (350°F). Nasmaruj formę do pieczenia o wymiarach 9 x 13 cali.
b) Aby przygotować warstwę brownie, rozpuść masło w rondlu na małym ogniu. Zdejmij z ognia i wymieszaj cukier, jajka i ekstrakt waniliowy, aż dobrze się połączą.
c) Wymieszaj kakao w proszku, mąkę, sól i proszek do pieczenia, aż masa będzie gładka.
d) Ciasto brownie równomiernie rozsmaruj na dnie przygotowanej formy do pieczenia.
e) Aby przygotować warstwę szyfonu, ubijaj żółtka, aż będą gęste i nabiorą cytrynowego koloru. Stopniowo ubijaj cukier.
f) Mieszaj roztopione masło, wodę i ekstrakt waniliowy, aż dobrze się połączą.
g) Stopniowo mieszaj mąkę, aż będzie gładka.
h) W osobnej misce ubij białka i krem kamienniczy, aż powstanie sztywna piana.

i) Delikatnie wymieszaj ubite białka z szyfonowym ciastem, aż nie pozostaną smugi.
j) Wlać ciasto szyfonowe na ciasto brownie w formie do pieczenia.
k) Piec w nagrzanym piekarniku przez 30-35 minut lub do momentu, aż ciasto się zetnie i będzie lekko złociste z wierzchu.
l) Wyjmij z piekarnika i pozostaw do całkowitego ostygnięcia na patelni.
m) Po ostygnięciu pokroić w batoniki i podawać. Rozkoszuj się dekadenckim połączeniem czekoladowego brownie i lekkich warstw szyfonu!

87.Kokosowe szyfonowe kwadraty

SKŁADNIKI:
DO SKORUPY:
- 1 1/2 szklanki okruszków krakersów graham
- 1/4 szklanki granulowanego cukru
- 1/2 szklanki niesolonego masła, roztopionego

DO WYPEŁNIENIA:
- 4 duże jajka, oddzielone od siebie
- 1 szklanka granulowanego cukru
- 1/2 szklanki niesolonego masła, roztopionego i ostudzonego
- 1 szklanka mleka kokosowego
- 1 łyżeczka ekstraktu waniliowego
- 1 1/2 szklanki wiórków kokosowych

INSTRUKCJE:
a) Rozgrzej piekarnik do 175°C (350°F). Nasmaruj formę do pieczenia o wymiarach 9 x 13 cali.
b) W misce wymieszaj okruchy krakersów graham, cukier i roztopione masło. Wciśnij równomiernie masę na dno przygotowanej formy do pieczenia.
c) W drugiej misce ubijaj żółtka, aż uzyskają gęstą masę o cytrynowym kolorze. Stopniowo ubijaj cukier.
d) Mieszaj roztopione masło, mleko kokosowe i ekstrakt waniliowy, aż dobrze się połączą.
e) Mieszaj z wiórkami kokosowymi, aż zostaną równomiernie rozłożone.
f) W osobnej misce ubijaj białka, aż utworzą się sztywne szczyty.
g) Delikatnie wymieszaj ubite białka z masą kokosową, aż nie pozostaną smugi.
h) Na spód formy do pieczenia wylej masę kokosowo-szyfonową.
i) Piec w nagrzanym piekarniku przez 25-30 minut lub do momentu, aż ciasto się zetnie i będzie lekko złociste z wierzchu.
j) Wyjmij z piekarnika i pozostaw do całkowitego ostygnięcia na patelni.
k) Po ostygnięciu pokroić w kwadraty i podawać. Ciesz się tropikalnym smakiem tych kokosowych szyfonowych kwadratów!

88. Pomarańczowe szyfonowe paski

SKŁADNIKI:
DO SKORUPY:
- 1 1/2 szklanki okruszków krakersów graham
- 1/4 szklanki granulowanego cukru
- 1/2 szklanki niesolonego masła, roztopionego

DO WYPEŁNIENIA:
- 4 duże jajka, oddzielone od siebie
- 1 szklanka granulowanego cukru
- 1/2 szklanki świeżo wyciśniętego soku pomarańczowego
- 1 łyżka skórki pomarańczowej
- 1/4 szklanki niesolonego masła, roztopionego i ostudzonego
- 1/4 szklanki mąki uniwersalnej

INSTRUKCJE:
a) Rozgrzej piekarnik do 175°C (350°F). Nasmaruj formę do pieczenia o wymiarach 9 x 13 cali.
b) W misce wymieszaj okruchy krakersów graham, cukier i roztopione masło. Wciśnij równomiernie masę na dno przygotowanej formy do pieczenia.
c) W drugiej misce ubijaj żółtka, aż uzyskają gęstą masę o cytrynowym kolorze. Stopniowo ubijaj cukier.
d) Wymieszaj sok pomarańczowy, skórkę pomarańczową, roztopione masło i mąkę, aż dobrze się połączą.
e) W osobnej misce ubijaj białka, aż utworzą się sztywne szczyty.
f) Delikatnie wymieszaj ubite białka z pomarańczową mieszanką, aż nie pozostaną smugi.
g) Wlać mieszankę pomarańczowego szyfonu na spód formy do pieczenia.
h) Piec w nagrzanym piekarniku przez 25-30 minut lub do momentu, aż ciasto się zetnie i będzie lekko złociste z wierzchu.
i) Wyjmij z piekarnika i pozostaw do całkowitego ostygnięcia na patelni.
j) Po ostygnięciu pokroić w batoniki i podawać. Ciesz się cytrusową dobrocią tych pomarańczowych szyfonowych batoników!

89. Kwadraty z szyfonu truskawkowego

SKŁADNIKI:
DO SKORUPY:
- 1 ½ szklanki okruszków waflowych Graham
- ⅓ szklanki roztopionej margaryny

DO WYPEŁNIENIA:
- ¾ szklanki wrzącej wody
- 1 opakowanie galaretki truskawkowej
- 1 szklanka mleka Eagle Brand (słodzonego mleka skondensowanego)
- ⅓ szklanki soku z cytryny
- 1 opakowanie mrożonych pokrojonych truskawek
- 3 szklanki miniaturowych pianek marshmallow
- ½ litra Bita śmietana, bita

INSTRUKCJE:
DO SKORUPY:
a) Połączyć okruszki wafla graham i roztopioną margarynę.
b) Poklep mieszaninę na dnie patelni o wymiarach 9 x 13 cali.

DO WYPEŁNIENIA:
c) Galaretkę truskawkową rozpuść we wrzącej wodzie w dużej misce.
d) Wymieszaj słodzone mleko skondensowane, sok z cytryny, mrożone pokrojone truskawki i pianki marshmallow.
e) Dołóż bitą śmietanę.
f) Powstałą mieszaninę wylać na kruchy spód.
g) Schładzaj aż do zestalenia, około 2 godzin.

90.Kluczowe limonkowe szyfonowe sztabki

SKŁADNIKI:
DO SKORUPY:
- 1 1/2 szklanki okruszków krakersów graham
- 1/4 szklanki granulowanego cukru
- 1/2 szklanki niesolonego masła, roztopionego

DO WYPEŁNIENIA:
- 4 duże jajka, oddzielone od siebie
- 1 szklanka granulowanego cukru
- 1/2 szklanki świeżo wyciśniętego soku z limonki
- 1 łyżka skórki z limonki
- 1/4 szklanki niesolonego masła, roztopionego i ostudzonego
- 1/4 szklanki mąki uniwersalnej

INSTRUKCJE:
a) Rozgrzej piekarnik do 175°C (350°F). Nasmaruj formę do pieczenia o wymiarach 9 x 13 cali.
b) W misce wymieszaj okruchy krakersów graham, cukier i roztopione masło. Wciśnij równomiernie masę na dno przygotowanej formy do pieczenia.
c) W drugiej misce ubijaj żółtka, aż uzyskają gęstą masę o cytrynowym kolorze. Stopniowo ubijaj cukier.
d) Wymieszaj sok z limonki , skórkę z limonki, roztopione masło i mąkę, aż dobrze się połączą.
e) W osobnej misce ubijaj białka, aż utworzą się sztywne szczyty.
f) Delikatnie wymieszaj ubite białka z mieszanką limonki, aż nie pozostaną smugi.
g) Wlać mieszankę szyfonowo-limonkową na ciasto w formie do pieczenia.
h) Piec w nagrzanym piekarniku przez 25-30 minut lub do momentu, aż ciasto się zetnie i będzie lekko złociste z wierzchu.
i) Wyjmij z piekarnika i pozostaw do całkowitego ostygnięcia na patelni.
j) Po ostygnięciu pokroić w batoniki i podawać. Ciesz się pikantnym i orzeźwiającym smakiem tych kluczowych limonkowych batonów szyfonowych!

91. Ananasowe szyfonowe kwadraty

SKŁADNIKI:
DO SKORUPY:
- 1 1/2 szklanki okruszków krakersów graham
- 1/4 szklanki granulowanego cukru
- 1/2 szklanki niesolonego masła, roztopionego

DO WYPEŁNIENIA:
- 4 duże jajka, oddzielone od siebie
- 1 szklanka granulowanego cukru
- 1/2 szklanki zmiażdżonego ananasa, odsączonego
- 1/4 szklanki niesolonego masła, roztopionego i ostudzonego
- 1/4 szklanki mąki uniwersalnej

INSTRUKCJE:
a) Rozgrzej piekarnik do 175°C (350°F). Nasmaruj formę do pieczenia o wymiarach 9 x 13 cali.
b) W misce wymieszaj okruchy krakersów graham, cukier i roztopione masło. Wciśnij równomiernie masę na dno przygotowanej formy do pieczenia.
c) W drugiej misce ubijaj żółtka, aż uzyskają gęstą masę o cytrynowym kolorze. Stopniowo ubijaj cukier.
d) Mieszaj z pokruszonym ananasem i roztopionym masłem, aż dobrze się połączą.
e) Stopniowo mieszaj mąkę, aż będzie gładka.
f) W osobnej misce ubijaj białka, aż utworzą się sztywne szczyty.
g) Delikatnie dodaj ubite białka do mieszanki ananasowej, aż nie pozostaną smugi.
h) Wlać mieszaninę szyfonu ananasowego na ciasto w formie do pieczenia.
i) Piec w nagrzanym piekarniku przez 25-30 minut lub do momentu, aż ciasto się zetnie i będzie lekko złociste z wierzchu.
j) Wyjmij z piekarnika i pozostaw do całkowitego ostygnięcia na patelni.
k) Po ostygnięciu pokroić w kwadraty i podawać. Ciesz się tropikalnym smakiem tych ananasowych szyfonowych kwadratów!

92.Mieszane batoniki z szyfonu jagodowego

SKŁADNIKI:
DO SKORUPY:
- 1 1/2 szklanki okruszków krakersów graham
- 1/4 szklanki granulowanego cukru
- 1/2 szklanki niesolonego masła, roztopionego

DO WYPEŁNIENIA:
- 4 duże jajka, oddzielone od siebie
- 1 szklanka granulowanego cukru
- 1 szklanka mieszanych jagód (takich jak maliny, jagody i jeżyny)
- 1/4 szklanki niesolonego masła, roztopionego i ostudzonego
- 1/4 szklanki mąki uniwersalnej

INSTRUKCJE:
a) Rozgrzej piekarnik do 175°C (350°F). Nasmaruj formę do pieczenia o wymiarach 9 x 13 cali.
b) W misce wymieszaj okruchy krakersów graham, cukier i roztopione masło. Wciśnij równomiernie masę na dno przygotowanej formy do pieczenia.
c) W drugiej misce ubijaj żółtka, aż uzyskają gęstą masę o cytrynowym kolorze. Stopniowo ubijaj cukier.
d) Mieszaj zmieszane jagody i roztopione masło, aż dobrze się połączą.
e) Stopniowo mieszaj mąkę, aż będzie gładka.
f) W osobnej misce ubijaj białka, aż utworzą się sztywne szczyty.
g) Delikatnie wymieszaj ubite białka z masą jagodową, aż nie pozostaną smugi.
h) Wlać mieszankę szyfonu jagodowego na ciasto w formie do pieczenia.
i) Piec w nagrzanym piekarniku przez 25-30 minut lub do momentu, aż ciasto się zetnie i będzie lekko złociste z wierzchu.
j) Wyjmij z piekarnika i pozostaw do całkowitego ostygnięcia na patelni.
k) Po ostygnięciu pokroić w batoniki i podawać. Ciesz się smakiem jagód w tych szyfonowych batonikach z mieszanymi jagodami!

Chleb szyfonowy

93. Szyfonowy chlebek bananowy

SKŁADNIKI:
- 2 filiżanki mąki uniwersalnej
- 1 łyżeczka proszku do pieczenia
- 1/2 łyżeczki sody oczyszczonej
- 1/2 łyżeczki soli
- 3 dojrzałe banany, rozgniecione
- 3/4 szklanki granulowanego cukru
- 1/2 szklanki oleju roślinnego
- 3 duże jajka, oddzielone od siebie
- 1/4 szklanki mleka
- 1 łyżeczka ekstraktu waniliowego

INSTRUKCJE:
a) Rozgrzej piekarnik do 175°C (350°F). Nasmaruj tłuszczem i mąką formę do pieczenia chleba o wymiarach 9 x 5 cali.
b) W dużej misce przesiej mąkę, proszek do pieczenia, sodę oczyszczoną i sól.
c) W drugiej misce wymieszaj puree bananowe, cukier granulowany, olej roślinny, żółtka, mleko i ekstrakt waniliowy, aż dobrze się połączą.
d) Stopniowo dodawaj suche składniki do mieszanki bananów i mieszaj, aż się połączą.
e) W osobnej misce ubijaj białka, aż powstanie sztywna piana.
f) Delikatnie wymieszaj ubite białka z ciastem bananowym, tak aby nie pozostały smugi.
g) Ciasto wlać do przygotowanej formy i wygładzić wierzch szpatułką.
h) Piec przez 50-60 minut lub do momentu, gdy wykałaczka wbita w środek będzie czysta.
i) Wyjmij z piekarnika i pozostaw do ostygnięcia na blaszce przez 10 minut, a następnie przenieś na metalową kratkę, aby całkowicie wystygła.
j) Pokrój i podawaj szyfonowy chleb bananowy i ciesz się smakiem!

94. Szyfonowy Chleb Cytrynowy

SKŁADNIKI:
- 2 szklanki mąki tortowej
- 1 1/2 łyżeczki proszku do pieczenia
- 1/4 łyżeczki sody oczyszczonej
- 1/2 łyżeczki soli
- Skórka z 2 cytryn
- 1/2 szklanki niesolonego masła, zmiękczonego
- 1 szklanka granulowanego cukru
- 3 duże jajka, oddzielone od siebie
- 1/4 szklanki soku z cytryny
- 1/2 szklanki mleka
- 1 łyżeczka ekstraktu waniliowego

INSTRUKCJE:
a) Rozgrzej piekarnik do 175°C (350°F). Nasmaruj tłuszczem i mąką formę do pieczenia chleba o wymiarach 9 x 5 cali.
b) W misce przesiej mąkę tortową, proszek do pieczenia, sodę oczyszczoną i sól. Wymieszaj skórkę z cytryny.
c) W drugiej misce utrzyj miękkie masło i granulowany cukier na jasną i puszystą masę.
d) Ubijaj po jednym żółtku, następnie dodaj sok z cytryny i ekstrakt waniliowy.
e) Stopniowo dodawaj suche składniki do mokrych, na zmianę z mlekiem i mieszaj, aż składniki się dobrze połączą.
f) W osobnej misce ubijaj białka, aż powstanie sztywna piana.
g) Delikatnie wmieszać ubite białka do ciasta, tak aby nie pozostały smugi.
h) Ciasto wlać do przygotowanej formy i wygładzić wierzch szpatułką.
i) Piec przez 45-55 minut lub do momentu, gdy wykałaczka wbita w środek będzie czysta.
j) Wyjmij z piekarnika i pozostaw do ostygnięcia na blaszce przez 10 minut, a następnie przenieś na metalową kratkę, aby całkowicie wystygła.
k) Pokrój i podawaj szyfonowy chleb cytrynowy i ciesz się jasnym i pikantnym smakiem!

95.Szyfonowy Chleb Dyniowy

SKŁADNIKI:
- 1 3/4 szklanki mąki uniwersalnej
- 1 łyżeczka sody oczyszczonej
- 1/2 łyżeczki proszku do pieczenia
- 1/2 łyżeczki soli
- 1 łyżeczka mielonego cynamonu
- 1/2 łyżeczki mielonego imbiru
- 1/4 łyżeczki mielonej gałki muszkatołowej
- 1/4 łyżeczki zmielonych goździków
- 1 szklanka puree z dyni konserwowej
- 1 szklanka granulowanego cukru
- 1/2 szklanki oleju roślinnego
- 2 duże jajka, oddzielone
- 1/4 szklanki wody
- 1 łyżeczka ekstraktu waniliowego

INSTRUKCJE:
a) Rozgrzej piekarnik do 175°C (350°F). Nasmaruj tłuszczem i mąką formę do pieczenia chleba o wymiarach 9 x 5 cali.
b) W misce przesiej mąkę, sodę oczyszczoną, proszek do pieczenia, sól, cynamon, imbir, gałkę muszkatołową i goździki.
c) W drugiej misce wymieszaj puree z dyni, cukier granulowany, olej roślinny, żółtka, wodę i ekstrakt waniliowy, aż dobrze się połączą.
d) Stopniowo dodawaj suche składniki do mokrych i mieszaj, aż składniki się połączą.
e) W osobnej misce ubijaj białka, aż powstanie sztywna piana.
f) Delikatnie wmieszać ubite białka do ciasta, tak aby nie pozostały smugi.
g) Ciasto wlać do przygotowanej formy i wygładzić wierzch szpatułką.
h) Piec przez 50-60 minut lub do momentu, gdy wykałaczka wbita w środek będzie czysta.
i) Wyjmij z piekarnika i pozostaw do ostygnięcia na blaszce przez 10 minut, a następnie przenieś na metalową kratkę, aby całkowicie wystygła.
j) Pokrój i podawaj szyfonowy chleb dyniowy i ciesz się ciepłymi i pocieszającymi smakami jesieni!

96. Szyfonowy Chleb Czekoladowy Wirujący

SKŁADNIKI:
- 1 3/4 szklanki mąki uniwersalnej
- 1 łyżeczka proszku do pieczenia
- 1/2 łyżeczki sody oczyszczonej
- 1/2 łyżeczki soli
- 1/4 szklanki niesłodzonego kakao w proszku
- 1/2 szklanki granulowanego cukru
- 1/4 szklanki oleju roślinnego
- 1 szklanka maślanki
- 2 duże jajka, oddzielone
- 1 łyżeczka ekstraktu waniliowego

INSTRUKCJE:
a) Rozgrzej piekarnik do 175°C (350°F). Nasmaruj tłuszczem i mąką formę do pieczenia chleba o wymiarach 9 x 5 cali.
b) W misce przesiej mąkę, proszek do pieczenia, sodę oczyszczoną i sól.
c) W drugiej misce wymieszaj kakao w proszku, cukier granulowany, olej roślinny, maślankę, żółtka jaj i ekstrakt waniliowy, aż dobrze się połączą.
d) Stopniowo dodawaj suche składniki do mokrych i mieszaj, aż składniki się połączą.
e) W osobnej misce ubijaj białka, aż powstanie sztywna piana.
f) Delikatnie wmieszać ubite białka do ciasta, tak aby nie pozostały smugi.
g) Połowę ciasta wlać do przygotowanej formy.
h) Na wierzch ciasta czekoladowego nałóż porcje pozostałego ciasta.
i) Za pomocą noża lub szpikulca wymieszaj oba ciasta, aby uzyskać efekt marmurku.
j) Piec przez 50-60 minut lub do momentu, gdy wykałaczka wbita w środek będzie czysta.
k) Wyjmij z piekarnika i pozostaw do ostygnięcia na blaszce przez 10 minut, a następnie przenieś na metalową kratkę, aby całkowicie wystygła.
l) Pokrój i podawaj szyfonowy chlebek czekoladowy i ciesz się bogatym i rozkosznym smakiem czekolady!

SZYFONOWE CIASTKA

97. Szyfonowe ciasteczka cytrynowe

SKŁADNIKI:

- 2 filiżanki mąki uniwersalnej
- 1 łyżeczka proszku do pieczenia
- 1/4 łyżeczki soli
- 1/2 szklanki niesolonego masła, zmiękczonego
- 1 szklanka granulowanego cukru
- 2 duże jajka, oddzielone
- Skórka z 1 cytryny
- 1 łyżka soku z cytryny
- 1 łyżeczka ekstraktu waniliowego

INSTRUKCJE:

a) Rozgrzej piekarnik do 175°C (350°F). Blachy do pieczenia wyłóż papierem pergaminowym.
b) W misce przesiej mąkę, proszek do pieczenia i sól.
c) W drugiej misce utrzyj miękkie masło i granulowany cukier na jasną i puszystą masę.
d) Ubijaj po jednym żółtku, następnie dodaj skórkę z cytryny, sok z cytryny i ekstrakt waniliowy.
e) Stopniowo dodawaj suche składniki do mokrych i mieszaj, aż dobrze się połączą.
f) W osobnej misce ubijaj białka, aż powstanie sztywna piana.
g) Delikatnie wmieszać ubite białka w ciasto, tak aby nie pozostały smugi.
h) Na przygotowane blachy do pieczenia nakładaj łyżką ciasto, zachowując odstępy około 2 cali.
i) Piec przez 10-12 minut lub do momentu, aż krawędzie będą lekko złociste.
j) Wyjmij z piekarnika i pozostaw do ostygnięcia na blasze do pieczenia na kilka minut, a następnie przenieś na kratkę do całkowitego wystygnięcia.
k) Ciesz się lekkim i pikantnym smakiem tych szyfonowych ciasteczek cytrynowych!

98. Szyfonowe ciasteczka z kawałkami czekolady

SKŁADNIKI:

- 2 filiżanki mąki uniwersalnej
- 1 łyżeczka sody oczyszczonej
- 1/2 łyżeczki soli
- 1/2 szklanki niesolonego masła, zmiękczonego
- 1/2 szklanki granulowanego cukru
- 1/2 szklanki brązowego cukru pudru
- 2 duże jajka, oddzielone
- 1 łyżeczka ekstraktu waniliowego
- 1 szklanka półsłodkich kawałków czekolady

INSTRUKCJE:

a) Rozgrzej piekarnik do 190°C (375°F). Blachy do pieczenia wyłóż papierem pergaminowym.
b) W misce przesiej mąkę, sodę oczyszczoną i sól.
c) W drugiej misce utrzyj miękkie masło, cukier granulowany i brązowy cukier na jasną i puszystą masę.
d) Ubijaj po jednym żółtku, a następnie dodaj ekstrakt waniliowy.
e) Stopniowo dodawaj suche składniki do mokrych i mieszaj, aż dobrze się połączą.
f) W osobnej misce ubijaj białka, aż powstanie sztywna piana.
g) Delikatnie dodaj ubite białka i kawałki czekolady do ciasta, aż zostaną równomiernie rozłożone.
h) Na przygotowane blachy do pieczenia nakładaj łyżką ciasto, zachowując odstępy około 2 cali.
i) Piec przez 8-10 minut lub do momentu, aż krawędzie będą lekko złociste.
j) Wyjmij z piekarnika i pozostaw do ostygnięcia na blasze do pieczenia na kilka minut, a następnie przenieś na kratkę do całkowitego wystygnięcia.
k) Ciesz się miękką i ciągnącą się konsystencją tych szyfonowych ciasteczek z kawałkami czekolady!

99. Szyfonowe ciasteczka migdałowe

SKŁADNIKI:
- 1 1/2 szklanki mąki uniwersalnej
- 1/2 szklanki mąki migdałowej
- 1/2 łyżeczki proszku do pieczenia
- 1/4 łyżeczki soli
- 1/2 szklanki niesolonego masła, zmiękczonego
- 1/2 szklanki granulowanego cukru
- 2 duże jajka, oddzielone
- 1 łyżeczka ekstraktu migdałowego
- Migdały w plasterkach, do posypania

INSTRUKCJE:
a) Rozgrzej piekarnik do 175°C (350°F). Blachy do pieczenia wyłóż papierem pergaminowym.
b) W misce przesiej mąkę uniwersalną, mąkę migdałową, proszek do pieczenia i sól.
c) W drugiej misce utrzyj miękkie masło i granulowany cukier na jasną i puszystą masę.
d) Ubijaj po jednym żółtku, a następnie dodaj ekstrakt migdałowy.
e) Stopniowo dodawaj suche składniki do mokrych i mieszaj, aż dobrze się połączą.
f) W osobnej misce ubijaj białka, aż powstanie sztywna piana.
g) Delikatnie wmieszać ubite białka w ciasto, tak aby nie pozostały smugi.
h) Na przygotowane blachy do pieczenia nakładaj łyżką ciasto, zachowując odstępy około 2 cali.
i) Każde ciasteczko lekko spłaszcz grzbietem łyżki i posyp płatkami migdałów.
j) Piec przez 10-12 minut lub do momentu, aż krawędzie będą lekko złociste.
k) Wyjmij z piekarnika i pozostaw do ostygnięcia na blasze do pieczenia na kilka minut, a następnie przenieś na kratkę do całkowitego wystygnięcia.
l) Ciesz się delikatnym migdałowym smakiem i chrupiącą konsystencją tych szyfonowych ciasteczek migdałowych!

100.Szyfonowe ciasteczka kokosowe

SKŁADNIKI:
- 1 1/2 szklanki mąki uniwersalnej
- 1/2 szklanki wiórków kokosowych
- 1/2 łyżeczki proszku do pieczenia
- 1/4 łyżeczki soli
- 1/2 szklanki niesolonego masła, zmiękczonego
- 1/2 szklanki granulowanego cukru
- 2 duże jajka, oddzielone
- 1 łyżeczka ekstraktu waniliowego

INSTRUKCJE:
a) Rozgrzej piekarnik do 175°C (350°F). Blachy do pieczenia wyłóż papierem pergaminowym.
b) Do miski przesiej mąkę, wiórki kokosowe, proszek do pieczenia i sól.
c) W drugiej misce utrzyj miękkie masło i granulowany cukier na jasną i puszystą masę.
d) Ubijaj po jednym żółtku, a następnie dodaj ekstrakt waniliowy.
e) Stopniowo dodawaj suche składniki do mokrych i mieszaj, aż dobrze się połączą.
f) W osobnej misce ubijaj białka, aż powstanie sztywna piana.
g) Delikatnie wmieszać ubite białka w ciasto, tak aby nie pozostały smugi.
h) Na przygotowane blachy do pieczenia nakładaj łyżką ciasto, zachowując odstępy około 2 cali.
i) Piec przez 10-12 minut lub do momentu, aż krawędzie będą lekko złociste.
j) Wyjmij z piekarnika i pozostaw do ostygnięcia na blasze do pieczenia na kilka minut, a następnie przenieś na kratkę do całkowitego wystygnięcia.
k) Ciesz się tropikalnym smakiem i ciągnącą się konsystencją tych szyfonowych ciasteczek kokosowych!

WNIOSEK

Mam nadzieję, że zbliżając się do końca naszej przygody z szyfonem, ta książka kucharska rozpaliła w Tobie pasję tworzenia lekkich, przestronnych i dekadenckich przysmaków we własnej kuchni. Dzięki tym 100 wykwintnym przepisom zgłębiliśmy delikatny kunszt i wszechstronną naturę szyfonu, zamieniając proste składniki w niezwykłe kulinarne arcydzieła. Niezależnie od tego, czy delektujesz się kawałkiem puszystego szyfonowego ciasta, delektujesz się łyżką jedwabistego musu szyfonowego, czy rozkoszujesz się kęsem eleganckiego szyfonowego ciasta, każdy przepis został opracowany z największą starannością, aby zapewnić radość i satysfakcję każdemu podniebieniu.

Z całego serca dziękuję za towarzyszenie mi w tej kulinarnej podróży. Twój entuzjazm i zaangażowanie w doskonalenie sztuki pieczenia szyfonu uczyniły tę przygodę naprawdę wyjątkową. Niech umiejętności i techniki, których nauczyłeś się z tej książki kucharskiej, nadal będą Cię inspirować podczas tworzenia pysznych szyfonowych kreacji, którymi będziesz mógł dzielić się z rodziną i przyjaciółmi.

W miarę dalszej eksploracji świata wypieków szyfonowych, niech Twoja kuchnia wypełni się kuszącymi aromatami świeżo upieczonych ciast, delikatną konsystencją jedwabistych musów i wykwintnymi smakami eleganckich ciast. Niech każda wykonana przez Was szyfonowa kreacja wywoła uśmiech na Waszej twarzy i ciepło w Waszym sercu, przypominając o pięknie i radości, jakie można odnaleźć w sztuce pieczenia.

Jeszcze raz dziękuję, że pozwoliłaś mi być częścią Twojej szyfonowej podróży. Do ponownego spotkania niech Wasze dni będą wypełnione słodyczą, lekkością i niepowtarzalną elegancją szyfonu . Udanych wypieków i niech kulinarne przygody nadal inspirują i zachwycają!

www.ingramcontent.com/pod-product-compliance
Lightning Source LLC
Chambersburg PA
CBHW071308110526
44591CB00010B/819